ウクライナ戦争
フェイクニュースを突破する

鳥賀陽弘道
Hiromichi Ugaya

ビジネス社

はじめに

自国を攻撃していない主権国家に、武力で侵攻する。領土を侵す。その国民や財産を破壊する。そんな行為は、国を問わず正当化できない。擁護することもできない。２０２２年2月24日に始まるロシア共和国のウクライナへの軍事侵攻も、その例に漏れない。

この本に書いた一切の内容は、この前提で書いてある。

なぜこんな話から本書を書き始めなければならないか。日本の世論、特にＳＮＳは「ロシア＝悪・ウクライナ＝善」という「白黒どちらかしかない」二分法思考に凝り固まっていて「ロシアはこんなにひどい国」「ウクライナは勇敢な素晴らしい国」「ウクライナ反攻」「ロシアが劣勢・苦戦」といった内容しか聞こうとしない。それ以外は「親露派」のレッテルを貼られる。

誇張ではない。私はウクライナ戦争について、歴史、経済、エネルギー、軍事、メディア、言語・社会文化など多角的な視点から分析して、開戦後約1年に22本をnote.muに書き、無料で公開してきた。本書の初出記事である「ウクライナ戦争に関する私見」連載である。そのサマリーをTwitterで発信してきた。

ところが、あろうことか東京外国語大学の教授が私に「親露派」とTwitter上でレッテルを貼ってきた。仰天した。どう読んだら、ロシアに行ったことがなく、ロシア語アルファベットすら読めない私が親露派になるのか。奇怪というほかない。あるウクライナ・ロシアの研究者は「ウクライナに好意的でない内容を書くと、ネットで攻撃されるので怖い」と知見の発表そのものをやめてしまった。要は「ウクライナに好意的でなければすべて親露派」ということらしい。

世論のあり方として、病んでいると言わざるを得ない。「主権国家への軍事侵攻は不当」。そんなのは当たり前の話だ。誰もが議論の余地なく合意する。ところが、日本の（そして欧米の多くの国でも）世論はその「最大公約数」で理性的な思考が止まっている。そこから先に思考が進まない。

加えて、日本の世論にとっての不幸は、既存の新聞・テレビという貧弱なマスコミしか情報源がないことだ。

私も朝日新聞の社員記者だったからわかる。新聞・テレビの経営陣は、民事訴訟や労働災害、労使紛争を神経症的に恐れる。社員にリスクのある現場取材を禁じる。

自国の福島第一原発事故の時ですら、まだ市民が取り残されている原発から30キロ圏から、新聞・テレビ記者が先に逃げてしまった。これは私も現場目撃者の一人である。

ウクライナ戦争でも、社員記者は紛争地に近づかない。時おり非社員のフリーランス記者を戦場近くに出したり、クレジットなしで使える外国通信社が配信した映像を東京の本社でつなぎ合わせてお茶を濁している。

すると、あとは「戦況報道」しか残らない。やれ「ナントカ市を奪回」とか「ナニナニ州で反転攻勢」とか、戦争前までウクライナがどこにあるのかも知らなかった日本大衆にとって、何の意味があるのか。そんな無意味な戦況報道ばかり増えるのは「現場取材」をせず「（ウクライナまたはロシアの）政府発表」「欧米メディア記事」に依存しているからだ。

ではインターネット・SNSはどうかと言えば、こちらはウクライナ・ロシア双方の熾烈なプロパガンダ戦の戦場である。

「戦争」とは「国家が生存をかけて組織的に殺戮と破壊をする究極の暴力形態」だ。持っているものなら、どんな資源でも利用する。少しでも自国に有利になるよう工作する。どんな国でも同じだ。

21世紀に入って、インターネットなどマスメディアで国際世論を誘導するプロパガンダ戦（情報戦）が通常戦に並ぶ重要な戦場になった。「ハイブリッド・ウォー」（複合戦争）である。

ということは、ウクライナ・ロシアどちらの政府の発信であれ、その情報はプロパガンダの一環と念頭に置いて見なければならない。

政府発信とは限らない。Twitter はじめ多くのSNSでは正体を隠した匿名アカウントが可能なので、個人アカウントに見えても政府だったり、民間ネット工作会社だったりする。

プロパガンダ戦では、ウクライナがロシアに長じている。もともとテレビの人気俳優だったゼレンスキー大統領は、そのテレビ時代からの制作チームをそのまま大統領府に連れてきた。ウクライナ側が流す映像や登場人物、台詞や舞台設定は洗練されていて上手い。戦争もイメージビデオにしてしまう。それに比較するとロシア側は野暮で田舎くさく、洗練されていない。

こうしたウクライナ・ロシア双方のプロパガンダを真に受けたアマチュアが、リツイートなどで拡散する。そこに付言されるコメントは十中八九が「ロシア＝悪・ウクライナ＝善」の主観で解釈されている。それがまた拡散される。世界中で見られる現象なのだが、日本の場合は新聞テレビというメインストリーム・マスメディアが「何が事実なのか」を提示する能力や意志を失っているため、アマチュアは検証ができない。

一方、現地を知っていたり、英語のメディアが読める人は、より現実に近い正確な情報を得る。こうして「情報富裕層」と「情報貧困層」の格差は二極化し、ひどい状況になっている。

私がウクライナ戦争について書いてきたものは、こうした新聞・テレビ、ネットという日本の大衆が置かれた劣悪な情報環境を少しでもマシなものにしたいという願いが動機になっている。読者が少しでも、事実に基づいた理性的な思考と判断ができるよう、お手伝いがしたい。

私は自分の分析手法のひとつを「ビッグ・ピクチャー思考」と名づけている。時間軸を100年単位に、空間軸を地球規模に広げ、そこにウクライナ戦争を置いてみる。地政学、軍事学、近現代史、経済、エネルギー、言語、社会文化、メディアなど様々な視座を設定して、そこからウクライナ戦争を観察する。

私は国際安全保障論や軍事学、エネルギー、メディア論などを得意分野とする一介のフリーランス報道記者にすぎない。ロシア・ウクライナの「地域専門家」ではない。

残念ながら「専門家」は「自分の専門の外は言及しない・見ない」という悪癖があるため、往々にしてその発言内容は細分化され、断片化され、相互のつながりを見失っている。幸い、私はそこからは離れた場所にいる。その代わり、記者として「情報分析」を37年間仕事にしてきた強みがある。

「人間はなぜ戦争をするのか」。これは私が終生答えを求め続けるテーマのひとつだ。「なぜ戦争は起きるのか」を知らなければ、戦争を防ぐことはできない。平和を実現するには、戦争を知らなくてはならない。わざわざアメリカの大学院まで行って2年で400万円の学費を自腹で払い、安全保障論を勉強してきたのも「なぜ戦争は起きるのか」というメカニズムを知りたかったからだ。

ロシアがウクライナに軍事侵攻した時も「なぜ、こんなことが起きたのだ」という問いが真っ先に私の頭に浮かんだ。その「なぜ」の最初のドアを開くと「なぜウクライナはかくも貧しいのか」「なぜウクライナとロシアはかくも憎しみ合うのか」と、新しいドアが次々に目の前に現れた。その「なぜ」への答えを探してドアを開け続け、書いた文章の一部が、今あなたの手の中にあるこの本である。

本書が、ウクライナ戦争、そして「戦争と平和」への日本人の理解を少しでも助けることができるよう、願ってやまない。そして一日も早くウクライナに平和が戻るよう切に祈っている。

２０２３年８月　東京・月島にて

烏賀陽弘道

〔**用語注１**〕本書では次のように呼ぶ。
第一次ウクライナ戦争：２０１４年のロシアによるクリミア半島の無血占領と、それに連鎖して起きたドンバス２州の分離をめぐる分離派民兵とウクライナ政府軍との内戦。ロシアの公式または非公式な介入。
第二次ウクライナ戦争：２０２２年２月24日のロシア軍事侵攻に始まるロシアとウクライナの国家間戦争。
この２つはウクライナ・ロシアの連続した武力衝突として考えたほうがわかりやすいからだ。

〔**注２**〕
ウクライナの首都はウクライナ語表記では「キーウ」、ロシア語表記では「キエフ」だ。ウクライナ政府のウクライナ語優先主義政策の要請に日本のマスコミは従っている。本書では歴史的に長いスパンの記述が多いため、首都を「キエフ」と表記するのをはじめ、日本人が長く慣れたロシア語発音の表記に従うことにした。

ウクライナ戦争　フェイクニュースを突破する　目次

3 ウクライナ国内東部と西部はほとんど別の国

第二章 あまりに過酷な第一次・第二次大戦時のウクライナ

4 ソ連統治下で死者300万人の大飢饉

5

なぜプーチンはウクライナを「ナチ」「ファシスト」と呼ぶのか……121

第三章　戦争前から破綻していたウクライナ経済

第四章　ウクライナを食いものにしたオリガルヒたち

第一章

地政学的ビッグ・ピクチャーから見たウクライナ戦争

1 海洋への出口をめぐる300年の闘争

本書ではまず、視点を大きく広げて考えてみよう。空間軸を地球全体、時間軸を100年単位に広げた「ビッグ・ピクチャー」にウクライナ戦争を置いて、どう見えるか考察する。

こうしたビッグ・ピクチャーから国際安全保障を考える思考については、拙著「世界標準の戦争と平和」（悠人書院）で詳しく述べた。興味のある方はそちらを参照してほしい。

同書で、地球を「海・陸・空」の3つの空間に分類し、地理的条件の観点から政治や経済、軍事を分析する「地政学」（Geopolitics＝ジオポリティクス）の発想を紹介した。

地政学は、欧米のみならず、世界の外交官や研究者、軍人など国際安全保障にかかわる人々にとっては「共通言語」であり「基本文法」になっている（日本では第二次世界大戦後、地政学は忘れ去られ、知的空白が続いている。その事情も前掲拙著で説明した）。

ウクライナ戦争をめぐるロシアや欧米諸国の発言を見ても、地政学由来の発想があちこちに顔を出している。こうした「地政学から見たウクライナ戦争」をまとめておくのも有益と考えた。

ロシアは「ランドパワー」の筆頭格

地政学由来の重要な安全保障の概念に「シーパワー」と「ランドパワー」という言葉がある。前者は「海洋国家」「海の大国」、後者は「大陸国家」「陸の大国」などと訳される。ごく雑駁にその条件を述べる。

〈シーパワー　Sea Power〉＝「海洋国家」「海の大国」

繁栄の源泉を海上輸送に依存している。それを守る強い海軍力を持つ。

歴史上の例：イギリス、アメリカ、スペイン、大日本帝国。

〈ランドパワー　Land Power〉＝「大陸国家」「陸の大国」

繁栄の源泉を陸上輸送に依存している。強い陸軍力を持つ。

歴史上の例：帝政ロシア・ソ連・ロシア共和国。ドイツ。

ロシアは「ランドパワー」の筆頭格だ。これは帝政ロシア→ソ連→ロシア共和国と過去500年間ほとんど変わっていない。ドイツや中国もランドパワーに分類される。

ロシア共和国はユーラシア大陸という地球最大の大陸の東西に、1710万平方キロという世界最大の領土を持つ。これは、日本国がまるごと45個入ってまだ余るという巨大さである。

領土が膨らみきったソ連時代（2240万平方キロ）よりやや小さくなったとはいえ、ロシア共和国の面積は、地球の陸地面積すべての11・4％を占める。つまり地球上にある陸地の約9分の1はロシアなのである。

日本国内に時差はない。ロシア共和国には11もの時差がある。西端のカリーニングラードと東端のカムチャッカでは時差なんと10時間。一国の中でほぼ昼夜が逆転する。アメリカでも東西海岸の時差は5時間しかない。

ロシアに外洋への出口は3ヶ所しかない

かように巨大な領土の広さなのに、ロシアは外洋への出口が極端に少ない。具体的には、次の3ルートしかない。

（A）バルト海ルート
港：サンクトペテルブルグまたはカリーニングラードなど→バルト海→北海→大西洋
（B）黒海ルート
港：クリミア半島・セバストポリ、オデッサなど→黒海→ボスポラス・ダーダネルス海峡→地中海→ジブラルタル海峡→大西洋
（C）日本海ルート
港：ウラジオストック→日本海→宗谷・津軽海峡・対馬海峡→太平洋

（注：前記三箇所を補完するため、コラ半島のムルマンスクに海軍基地がある）

軍事関係者のジョークで「世界でもっとも指揮官のなり手がないのは、どこの国の軍隊か」というのがある。答えは「ロシア海軍」だ。なぜならロシアは、国土の広さに比較して、外洋に出る船のルートが極端に少なく、しかも他国にブロックされているからだ。

ロシア北辺の長大な海岸線で接する北極海は、年中氷で埋まっていて、港や航路としては使い物にならない（近年は地球温暖化による氷原の後退で北極海を航路として開拓する動きが出ている）。

すると、ロシア領の港から出発し、船で外洋に出るには、上記（A）（B）（C）しかルートがない。その航路には、あちこちで敵対的な国にブロックされる「チョーク・ポイント」（窒息点）がある。

これは帝政ロシア時代から現在に至るまで、ロシアを悩ませ続ける地政学的な悪条件だ。冷戦（ソ連）時代は、どのルートも敵対する西側国（トルコ、日本、デンマーク、イギリスなど）が航路の両岸を固めていた。どれも非常に脆弱なのだ。

当時の中曽根康弘首相が１９８３年１月の訪米時に「三海峡封鎖発言」をアメリカに向かってしたのは、このソ連の太平洋への出口である（C）日本海ルートを念頭に置いたものだ。

この中曽根発言への好悪や評価は置いておく。中曽根総理の発言の前提には、ソ連の安全保障戦略のキモである「極東ルート」をブロックできる日本列島のポジションという地政学的な認識がある。

それをアメリカ、中でも、冷戦真っ最中に、対ソ強硬派・レーガン大統領に向かって発言するのは「私は、貴国の対ソ連戦略にとって日本が地政学的に重要な位置を占めていることをわかっております」と伝えたことを意味する。つまり「対米交渉で日本のバーゲニング・ポジションを高めた」という点では気の利いた発言なのである。

ウクライナ戦争でトルコはロシアに味方

ロシアの対外政策の基底には「3つの海のルートを失うと、外洋への接続路を失い、大陸の中に封じ込められてしまう」という強迫観念のような思考がある。

帝政ロシア〜ソ連〜ロシア共和国を通じて、歴史上ロシアはずっと「外洋への出口を求める自律運動」のような動きを見せてきた。これはロシアの国家戦略を考える上で見落としてはならない要素だ。

寒冷地に国土が広がるロシアにとって、外洋への出口の重要な要素は「冬でも海面が氷結しない港」である。「不凍港」と呼ぶ。こうした「不凍港を求めて寒冷な高緯度地帯から温暖な低緯度地帯へと領土を拡張しようとする」という十九世紀後半の帝政ロシアの拡張政策は「南下政策」と呼ばれた。

クリミア半島をロシア帝国の領土に編入したのは十八世紀末。1853年にはここで帝政ロシア軍と英仏オスマン・トルコ連合軍が1年間で20万人が死傷する死闘を繰り広げた。主戦場は軍港セバストポリである。主戦場だったクリミア半島の名前をとって「クリミア戦争」という。

クリミア戦争を含め、ロシア帝国とオスマン・トルコは16世紀から20世紀まで12回の戦争を繰り返している。ロシアが外洋への出口を求めようとすると、クリミア半島〜黒海〜ボスポラス・ダーダネルス海峡というトルコの領土をくぐり抜けねばならない。ロシアとトルコが衝突を繰り返した背景には、こうした地政学条件がある。

2014年から始まる第一次ウクライナ戦争でも、真っ先にロシアが占領したのがクリミア半島だった背景には、こうした同半島の地政学的重要性がある。

そんな歴史のため、トルコといえばロシアに警戒的で知られていた。現在もNATO加盟国であるが、ソ連崩壊後、トルコとロシアの関係は劇的に改善した。ウクライナ戦争でもトルコは親ロシア的なスタンスで動いている。ロシアへの経済制裁には参加していない。第4回目の停戦協議(2022年3月28日)のホスト国にもなった。開戦後も、トルコのエルドアン大統領はプーチン大統領と頻繁に電話で対話を続ける数少ない国家元首である。

地図を見れば、トルコはウクライナともロシアとも黒海をはさんだ「お向かいさん」である。

クリミア半島を出発して黒海を出るには、トルコの領土にはさまれたボスポラス・ダーダネルスの2つの海峡を抜けなければならない。もっとも狭いところで幅800メートルしかない。幅

500メートルの関門海峡（下関市・北九州市の間）と大差がない。私は現地を訪れたことがある。「海峡」というよりは「川」か「運河」のように見えた。

トルコは、戦時に脅威になるような軍艦のボスポラス・ダーダネルス海峡の通航を阻止する権利を認められている（1936年のモントルー条約）。ウクライナ戦争でも、トルコはこの権利を行使した（2022年4月28日）。

これはロシア・ウクライナ軍が対象ではない。主にアメリカ海軍が黒海に展開することを阻止するのが狙いだ。黒海で米海軍がロシア海軍と交戦しなくても、AWACS（早期警戒管制機）を飛ばしてロシア軍の情報収集をすることができる。「米海軍を黒海に入れない」というトルコの決定で利益を得たのはロシアである。

トルコとの関係が悪化すると、黒海ルートの通航に支障をきたす。ウクライナ・ロシアどちらにとってもトルコは戦略的に重要な国なのだ。

核兵器時代の国家の生存保証は海軍

海への接続路は海軍の出発点であり、母港でもある。上記3つのルートはどれも「バルト艦隊」「黒海艦隊」「太平洋艦隊」とロシアの主力海軍の母港である。

なぜ海軍が重要なのか。第二次世界大戦後の核武装時代、海軍は核戦略の要になったからだ。

「核の三本足」（Nuclear Triad＝地上発射型ミサイル・爆撃機・潜水艦発射ミサイル）の中で、核ミサイルを積んだ潜水艦（ＳＬＢＭ潜水艦）はもっとも「反撃能力」に優れている。海に潜ったまま常時動き回る潜水艦は、攻撃前に位置を特定し、先制で破壊することはほぼ不可能である。するると、先制攻撃しても、相手国にかならず報復能力が残る。ＳＬＢＭで報復されて自分も破滅する。

敵国がロシアを核兵器で先制攻撃→ロシアＳＬＢＭ潜水艦は核ミサイルを発射して報復→両国とも核兵器で破滅→敵国はロシアへの核攻撃をためらう→ロシアへの核攻撃を防げる。

この仕組みを「相互確証破壊」（Mutual Assured Destruction＝ＭＡＤ）という。ゆえに海軍＝ＳＬＢＭ潜水艦は核抑止を成立させるもっとも重要な要素ということになる。これはすなわち、国家生存の保証のシステムとして、海軍＝ＳＬＢＭ潜水艦が不可欠になったことを意味する（詳しくは拙著「世界標準の戦争と平和」参照）。

この国家の生存を保証する海軍の３つの基地のうちのひとつが、クリミア半島なのだ。ウクライナ戦争でもこのロシアの戦略目標は変わらない。クリミア半島はロシア軍の最大の占領目的だ（注：現在黒海艦隊にＳＬＢＭ潜水艦は配備されていない）。

１９９１年のソ連崩壊後、同半島はソ連から独立したウクライナ共和国の領土になった。しかしロシアはクリミア半島、特にセバストポリ海軍基地の帰属だけは譲ろうとしない。

上記「国家の生存を保証するための海軍の基地がある」という点で、クリミア半島はロシアに

3つしかない戦略上の要衝だ。そして後述するように海上貿易の3分の1を占めている。失うと大きな国益の損失になる。

よく地図を見返せば、ウクライナはモスクワを中心とするロシアの心臓部から、クリミア半島を経て黒海→地中海へとつながる「海へのアクセス路」のど真ん中に位置する。

地政学的に見ると、そのウクライナが敵対陣営（NATO）に参加し、このルートがブロックされることはロシアにとっては「国家存亡の危機」ということになる。

バルト海ルートが抱える不安定要因

もともとモスクワは、ロシア革命（1918年）の時に、帝政ロシアの首都サンクトペテルブルグが「フィンランドに近すぎる」（革命に干渉する外国軍が侵攻すると首都が陥落する危険性がある）という理由で首都になった。

ソ連崩壊後、バルト三国はソ連から離脱してNATOに加盟した。そのひとつ、エストニア国境はサンクトペテルブルグからわずか160キロしかない。

バルト三国の独立で、バルト海への重要ルートであるロシア領カリーニングラードは2ヶ国向こうの「飛び地」になってしまった。しかもポーランドとリトアニアというNATO加盟国にサンドイッチされた飛び地である。

フィンランドとスウェーデンが第二次ウクライナ戦争開始後の2022年5月18日、NATO加盟を同時に申請した。ウクライナ戦争が起きた現実を見て、ロシアの脅威に対抗するため、長らくの中立政策を転換させることにしたわけだ。スウェーデンは2023年7月、最後まで加盟に反対していたトルコがついに折れ、NATO加盟が確実になった。

これをロシアの視点で見てみる。両国の加盟が実現すれば「バルト海ルート」両岸はすべてNATO加盟国が抑える「NATOの内海」になる。こうなるとバルト海ルートの安定した航行はほぼ絶望だ。

するとロシアはますます黒海ルートに依存する。少なくともクリミア半島、ひいてはウクライナに固執するだろう。

バルト海ルートはかくも不安定である。シベリアの向こうにある極東・日本海ルートはロシア心臓部から遠すぎる。

もしウクライナがNATOに加盟したら、バルト海ルートに続いて、黒海ルートも敵対陣営にブロックされてしまう（とロシアは考える）。海への3出口のうち2つをブロックされる。伝統的なロシアの安全保障観からすれば「黒海ルートだけは死守したい」と思うだろう。

2022年のウクライナ戦争の前哨戦となった軍事紛争として、2014年通称「クリミア危機」（第一次ウクライナ戦争）が起きた。ここでロシアは「クリミア半島はわが領土だ」と宣言した。ウクライナは認めていない。ウクライナ憲法はクリミア半島が自国領だと書いている。

もしウクライナがクリミア半島をロシアに譲るなら、国民投票で憲法を改正しなくてはならない。2022年3月29日にイスタンブール（上記のボスポラス海峡があるトルコの都市）で開かれた第4回停戦協議で、ウクライナ側がクリミア半島について「15年間の期限を定めてロシアと協議する」と提案したのにはこうした背景がある。

ウクライナとロシアの停戦交渉はその4回目を最後に途切れた。ウクライナの提案するクリミア半島の扱いにロシアが難色を示したことは想像に難くない。

ロシアの海上貿易の3分の1は黒海経由

経済（海上貿易）でも「黒海ルート」はロシアの全貿易量の約3分の1（トン数）を占めて一番比率が大きい。

黒海ルート：30・7％　＝2億5820万トン
バルト海ルート：30・5％　＝2億5640万トン
極東ルート：25・4％　＝2億1350万トン
（2019年。全量8億4030万トンのうち。JETRO短信から筆者計算）

黒海ルートの主要貿易港はオデッサである。黒海ルートが、ロシアにとって軍事＝政治に並んで、経済面でも重要な戦略的要衝であることがわかる。

ちなみに、ウクライナ戦争でロシアがクリミア半島のほかに占領しようとしている「ドネツク」「ルハンスク」というロシア国境沿いの2州（開戦直前にロシアは主権国家として承認）はロシア系住民が多い。

ここでウクライナからの分離・ロシアへの帰属を求める分離独立運動が起き、ウクライナ政府と内戦状態になった。ロシアのウクライナ侵攻は、この「ロシア系住民を救援する」という建前になっている。

一方、このドネツク・ルハンスクは石炭や鉄鉱石の産地であり、鉄鋼や重化学工業が発達している。激戦地として有名になったマリウポリはその拠点であり、同市最後の戦場としてニュースになった「アゾフスタリ製鉄所」は巨大製鉄所だ。つまり経済的な権益もある。

ロシア軍が展開しているアゾフ海北岸は、クリミア半島と「ドネツク」「ルハンスク」を接続する「廻廊」を形成しつつある。もしこの「廻廊」がないと、クリミア半島とロシア本土は「アゾフ海のケルチ海峡の橋一本でつながるだけ」という脆弱性を抱えることになる。実際、この海峡をまたぐクリミア大橋は2023年5月23日にウクライナ軍に爆破された。

激戦地になったマリウポリはその「廻廊」に位置する港湾都市（アゾフ海から黒海につながる）である。つまりはクリミア半島～ウクライナ東南部を占領した時の貿易港として、黒海ルートの出口として機能する場所だ。ロシア軍が重点的に攻撃している場所には、そうした戦略上の理由がある。

自然国境がほとんどないロシア

話を再び地政学と歴史の「ビッグ・ピクチャー」に戻す。

ユーラシア大陸に広大な領土を持つロシアには、山脈や河川、湖水、海洋など自然物による国境（自然国境）がほとんどない。日本やイギリスのような島国にとって国境は「海」という自然物だが、大陸国家であるロシアにとって、多くの国境は陸上に引いた線にすぎない。つまり隣国とロシアの、人間の交渉と合意によって国境が決まる（『人為国境』という）。交渉が暴力的になると戦争になる。戦争で国境が決まる。

「自然国境がない」ということは「外国からの侵略者を食い止める自然の障壁がない」ことを意味する。「いつ外から敵が国土に攻め込んでくるかわからない」という不安意識を生む。事実、ロシアは絶え間なく外国からの侵略にさらされてきた。13世紀のモンゴル帝国に始まり、ポーランド王国、ナポレオン、オーストリア・ハンガリー帝国、ナチス・ドイツと、陸地経由で外国が侵入し、そのたびに国土を破壊し、人々を殺戮する歴史が繰り返された。占領後は侵略者による支配が続いた。

こうした地政学的条件と歴史は、ロシアの安全保障政策に現在も大きな影響を残している。隣国が敵対的になる・強大化することを警戒する。攻撃される前に潰そうとする。先に潰そうとして攻撃的になる。「警戒的」「神経症的」「過剰反応的」といった形容が該当するかと思う。しかしロシアはあくまで「自衛のため」と考えている。少なくともそう主張する。

その対応パターンはおよそ2つある。帝政ロシア～ソ連～現在とほとんど変わっていない。

(A) 国境を接する隣国が強大化する、または敵対的になると、その国に内乱・分裂・分断を起こして弱体化しようとする。

(B) 敵対的な陣営と本国の間にバッファーゾーン（緩衝地帯）を作る。

(A) 隣国の弱体化＝内乱・分裂・分断を誘う

第一次・二次ウクライナ戦争はその好例である。

2004年の「オレンジ革命」後、ウクライナはNATO（北大西洋条約機構）への加盟を憲法に明記している。

もともとNATOは冷戦時代の東西対立のなか、ソ連を中心にした社会主義陣営に対抗するために1949年に生まれた軍事同盟だ。西側のリーダー国であり、核武装超大国であるアメリカが強い影響力を持っている。日米安全保障条約と同じように「反共産主義」を一致点として、アメリカが同盟国に核抑止による安全保障を提供する集団的安全保障のシステムである。

ゆえに、NATOに加盟することは「アメリカの軍事同盟に参加する」ことを意味する。加盟すると、米軍がそこに展開する可能性がある。ウクライナ戦争でも、ポーランドやルーマニアなどＮＡＴＯ加盟国に米軍が展開、ウクライナへの武器・物資を供与する拠点にしている。

ソ連の崩壊とともに、ソ連・東欧の軍事同盟「ワルシャワ条約機構」（１９５５〜１９９１年）は解散した。ところが、ＮＡＴＯは冷戦時代の役割を終えたにもかかわらずそのまま存続し、１９９０年代後半にはかつてのワルシャワ条約機構国（ポーランドなど）に加盟国を拡大した。

ロシアはＮＡＴＯを「欧州におけるアメリカそのもの」と見ている。さらに、ロシアの目には「冷戦終了後も自国に敵対的な姿勢を変えない」、しかも「核武装した」「軍事大国である」という最大級の「潜在的脅威」（Potential Threat）と映る。

しかも陸上の線一本で国境を接するウクライナがＮＡＴＯに参加すると表明している。ロシアの伝統的な安全保障観はこれを「危険な兆候」と理解する。

こうした「敵対的な隣国」が出現した時、ロシアが取る常道パターンは「その国にロシアに友好的な勢力を育て、分裂や内乱状態を作る」である。

ウクライナ戦争では、先立つ２０１４年のクリミア半島危機で東南部ロシア国境付近の「ドネツク」「ルハンスク」のロシア系住民の多い2州が「ウクライナからの分離とロシアへの帰属を求めた」ために、ウクライナ政府軍との間で内戦状態になった。（注：この内戦の結果、ウクライナ政府と同国内親ロシア派との間で交わされた停戦合意協定が「ミンスク合意」。14年9月の「ミンスク１」と15年2月の「ミンスク２」がある。停戦は実現しなかった）

ロシアは公式には「分離運動を支援していない」ことになっている。が、２０１４年の時はクリミア半島やドネツク2州に、国旗や階級章のない国籍不明の制服を着た軍隊が多数展開した。装備や兵器、兵員から考えてロシア軍以外にない。「国籍を隠したロシア軍の介入」と考えるのが自然だ。

ロシア革命～ソ連時代からの常道パターン

「隣国が敵対的になると、そこにいるロシアに友好的な勢力を支援し、その救援を名目に軍事介入する」パターンは、アフガニスタン、チェチェン、ジョージアなどで繰り返されてきた。ソ連時代から変わらないロシアの常道である。

ルーツをたどると、ロシア革命（1917年）→反革命派（白軍）との内戦（1918～1922年）の当時からある。「帝政ロシアの各地に共産主義勢力を育てる→支援して赤軍（革命軍）を派遣する」という形でずっと続いている。

これはソ連時代の外交政策にも表れている。

1945年4月、ナチス・ドイツの首都ベルリンを包囲・制圧して、ヒトラーを自殺に追い込んだのはソ連軍である。そのドイツ東側を占領したまま、戦後ソ連はドイツを東西に分割した。これはランドパワーの強敵・ドイツを分断して弱体化しておくためである。

第二次世界大戦中の日中戦争～国民党・共産党内戦（1945～49年）時代には、ソ連は国民党と共産党の両方を援助していた。意外なことに、同じマルクス・レーニン主義を信じる「同志」中国共産党だけではなく、その敵・国民党も援助していたのだ。

当時スターリンは、中国を「北側・共産党支配区域」「南側・国民党支配区域」の分断国家にすることを考えていたという（「アジアの多重戦争1911―1949 日本・中国・ロシア」S・C・M・ペイン＝みすず書房）。長大な国境線を持つ隣国・中国が統一され、強大化しないためである。

しかし蔣介石率いる国民党は、毛沢東の率いる共産党に内戦で敗北、中国本土を離れ台湾に移った。中国は共産党が統一し、中国の分断国家化は失敗した。

一方、翌年に始まった朝鮮戦争（1950〜53年）では、ソ連は北朝鮮を支援して（指導者の金日成は第二次世界大戦中は極東ソ連軍の士官）朝鮮半島の分断国家化に成功した（「金日成―その衝撃の実像」＝講談社）。

隣国が分断国家になると、2国間の争いに忙しくなり、ロシアを攻撃する余裕がなくなる。内戦状態になっても同様である。ロシアの安全保障の考えでは、それが自国の安全を守る利益になる。

（B）敵対陣営との間にバッファーゾーンを作る

第二次世界大戦後、ソ連は自国と西側陣営の間に東ドイツ、ポーランド、チェコスロバキア、ハンガリー、ルーマニアなどに社会主義政権を誕生させた。それが現地国民の反乱によって転覆されそうになると、軍事介入して潰した（1953年：東ベルリン暴動、1956年：ハンガリー動乱、1968年：チェコ事件など）。

これら東欧の国々はソ連軍によってナチス・ドイツから解放された（パルチザンによって自国を解放した旧ユーゴスラビアを除く）。戦後、ソ連の意思通りに国を作ることができた。

その東欧は、敵陣営である西側（NATO）諸国からロシア（ソ連）本国を物理的に引き離す機能があった。これがバッファーゾーンである。冷戦当時のソ連の計算としてはこうなる。

- 西側と東側で武力衝突が起きると、まず戦場になるのはロシア本土ではなく、東欧の国々。
- 開戦してから西側地上軍がロシア本土に到達するのに時間がかかるので、防御を固める時間ができる。

朝鮮半島における北朝鮮や、ロシア・中国の間にあるモンゴルも、こうした敵対陣営・敵対国を自国から物理的に引き離すバッファーゾーンに該当する。（注：バッファーゾーンは通常戦争の範囲では今も有効である。しかし1970年代になって米ソのミサイルの飛距離が伸び、本国や海洋中の潜水艦から発射したミサイルで敵国に核兵器を撃ち込めるようになると、重要性が低下した）

NATOの東方拡大をロシアは自国への脅威と受け取った

1991年のソ連崩壊後、NATOはかつての東欧・中欧に加盟国を増やし続けた。旧ソ連国や、ワルシャワ条約機構加盟国も総崩れである。

１９９９年：チェコ、ハンガリー、ポーランド

２００４年：エストニア・ラトビア・リトアニア（旧ソ連領バルト三国）、ブルガリア、ルーマニア、スロバキア、スロベニア（旧ユーゴ）

２００９年：アルバニア、クロアチア（同）

２０１７年：モンテネグロ（同）

２０２０年：北マケドニア（同）

なぜかくも加盟希望国が跡を絶たないのか。

ＮＡＴＯ加盟がＥＵ加盟の「一次テスト」のようになっているからだ。ＥＵに加盟できれば、投資や雇用、通貨など経済面で、ＥＵ域内の恩恵を受けることができる。資本主義経済への移行で経済運営に悪戦苦闘する旧社会主義国にとってはチャンスである。

ロシアの視点から見ると、かつてソ連時代の同盟国だった旧ワルシャワ条約機構国は、ほとんどＮＡＴＯに「寝返って」しまったことになる（ベラルーシ、モルドバ、旧ユーゴ分裂後の２ヶ国だけ例外）。せっかくナチス・ドイツに勝って築き上げたバッファーゾーンが空っぽになった。

アメリカは、その拡大したＮＡＴＯ東欧国に自軍の施設を置いた。そのプランはブッシュ・ジュニア大統領が２００７年に表明した。当時の言い分は「イランの脅威に備えるため」だった。

チェコ：弾道ミサイル早期警戒レーダーサイト

ポーランド：10基の弾道ミサイル基地
ルーマニア：米軍基地
アメリカとソ連は、1972年に弾道弾迎撃ミサイルを制限する「ABM条約」を結んでいる。迎撃システムが完成してしまうと、前述の相互確証破壊による核抑止が崩れるからだ。この条約はソ連崩壊後はロシアに引き継がれたのに、アメリカはそれをわざわざ失効させた（2002年）。その上で前述の東欧への米軍配備を進めた。ロシアはこれを「アメリカの変節」と受け取った。

ロシアの視点からすると、これは「バッファーゾーン」がなくなって自国領土が「丸裸」になってしまった上に、さらに敵対勢力の勢力範囲になってしまった、ということだ。あまつさえ最強のライバルであるアメリカ軍の施設が来る。

ロシア（特にプーチン大統領）はこれを「ソ連崩壊時にNATOを東に拡大しないと約束したはずなのに、約束違反だ」と考えている。しかも、その東方拡大はロシアがソ連解体後の政治・経済混乱で手一杯の1990年代に進んだから、ロシアにすれば「こちらが困っているのにつけこんだ」と憤懣を持つ。

ロシアの視点から見ると、NATOは1999年から23年かけてじりじりと東に拡大し、かつてのバッファーゾーン諸国を侵食して、とうとう陸続きの隣国ウクライナ（しかも旧ソ連第二の大国だった）にまで王手をかけた、ということになる。ウクライナ国境からモスクワまでは40

0キロ余りしか離れていない。この至近距離まで米軍が展開する可能性がある領土になることは、ロシアにすれば「自国の防衛にとって許容できない事態」となる。

ウクライナ戦争での停戦の条件として、プーチン大統領がしつこくウクライナの「中立化」「非武装化」を要求しているのは、こうした歴史を踏まえている。つまり「ウクライナがNATOに入って米軍が来るのは困る」と言い続けている。

なぜロシアはNATOを敵視するようになったのか

とはいえ、ロシアはソ連崩壊後ずっとNATOを敵視していたわけではない。むしろロシア共和国初代大統領のエリツィンはNATO加盟の希望を表明すらしている。しかしそれは「片思い」に終わった。西側が冷たくあしらったのである。

ロシアの国際政治学者ドミートリー・トレーニンの著作『ロシア新戦略』(作品社)から引用しよう。

エリツィンは、1991年12月にNATOに宛てた最初の書簡の中で、ロシアが近い将来、NATOに加盟することを検討していると書いた。だが、クレムリンにとっては驚くべきことに、ブリュッセル(NATO本部)からの返事はなかなか来なかった。その代わり、ロシア、他のすべての旧ソ連構成諸国、それにワルシャワ条約機構の加盟諸国は、北大西洋協力理事会

（NACC）に参加するよう招待を受けた。モスクワの失望は明らかだった。（中略）1992年春、ブッシュ大統領はワシントンにおいて、米露同盟に関するエリツィンの誘いをにべもなく拒絶した。世界中が平和であふれかえろうとしている今、不適当だというのである。NATO加盟へのロシアの希望は瞬く間に雲散霧消した。

こうしたNATO（西欧とアメリカ）へのロシアの不信感は、政府だけでなく国民にも共有されている、とトレーニンは指摘している。

1993年12月の（ロシア）下院選挙は、共産党と民族派が心理的な復讐を遂げたごとき様相を呈したため、民主派は大きなショックを受けた。民主派はこうした中で、西側の動きをロシアの民主主義に対する不信の表明と受け取った。（中略）こうして民主派は、ロシア抜きでNATO拡大を進めればロシア国内でNATOに対する敵対的なイメージが再燃することは避けられないという警告を発し始めた。彼らは、旧東側陣営からNATOに加盟する最初の国でなければならないと信じていた。ドイツ再統合の交渉に参加した人々は、アメリカ側の代表団は1989年の時点以上にNATOの担当範囲を拡大しないと約束した、交渉記録を読めば明らかだ、と主張した。したがって、NATOが今やっていることは約束違反だというのだ。

この結論は、モスクワにおけるNATOの評判を大いに落とした。NATOは、冷戦終結とソ連崩壊の後も消えてなくなろうとはせず、軍事同盟として存続し続けたばかりか、ロシアと国境を接する国々を新規加盟国として取り込み始めた。NATOの担当範囲内では、ロシアは

仮想敵に他ならなかった。西側にしてみれば、ソ連は冷戦に破れた側なのであり、ソ連の後継国の筆頭であるロシアはその結果に甘んじるべきだと考えている——今やロシア人はこう考えるようになっていた。

ロシアがウクライナに侵攻しても、ロシア国民の多数派は表立って反対をしていないように見える。むしろプーチン大統領を支持している。それはプーチンがロシア国内のメディアを規制しているから、だけではない（それもあるだろうが、すべてではない）。「１９９０年代からロシア国民の心理に澱のように溜まったＮＡＴＯ・西側諸国への不信感」という地盤が先にあるのだ。

もちろんそこには「ロシアはかつての東側諸国のリーダーだったのに、西側は他のワルシャワ条約機構国と同列に扱った」という心理的な反発（プライドを傷つけられた、メンツを潰された、など）もある。これは大衆という集合的心理なので「ソ連時代から頭が切り替わっていない」と非難しても詮のないことに思える。

ロシアがＮＡＴＯを「軍事的脅威」として考えるようになったのは、旧ユーゴスラビア解体の紛争で、コソボ独立に反対する新ユーゴスラビア全土をＮＡＴＯが空爆したことがきっかけだった（１９９９年）。ＮＡＴＯの主権国家への武力行使はこれが初めてだった。しかも国連安全保障理事会の決議も待たなかった。

クロアチアおよびボスニアヘルツェゴビナにおける初期のバルカン紛争はロシアにはごく穏やかな影響しかもたらさなかったが、１９９９年５月から６月にかけてＮＡＴＯ軍が武力行使

を使ったことは、大部分のロシア人にショックを与えた。これまでは共産主義ソ連に対する防衛機構という歴史的役割に甘んじていたNATOが、突如として「攻撃的な」同盟に豹変したのである。

（トレーニン前掲書187ページ）

「NATOを東方拡大しない」という西側の確約はあったのか？

「NATOを東方拡大しないという西側の約束」は本当にあったのだろうか。

この交渉の当事者だった当時のミハエル・ゴルバチョフソ連書記長の回顧録「変わりゆく世界の中で」（朝日新聞出版）158ページにこのくだりが出てくる。

1990年2月9日、アメリカのジェームズ・ベーカー国務長官（1989～92年ブッシュ父大統領政権で国務長官）がモスクワを訪問した時のことだ。

主な議題は当時急ピッチで進んでいた東西ドイツの統一と、そのNATO加盟だった。近接するランドパワー同士として、ソ連・ロシアはドイツへの警戒心が強い。

「私たちが（第二次世界大戦）戦勝4カ国の権利を有効に行使しなければ、歴史に禍根を残すと思っています。統一の問題は、ドイツとドイツ国民が決めることになるでしょう。しかし彼らは、他国の意見も知っておく必要があります。（中略）私たちの本能や戦争の記憶のせいでしょうか。二度もドイツと戦わねばならなかったせいでしょうか。私たちがドイツ統一の問題にきわめて神経質になるのは、おそらくそういったことが理由でしょうね。私たちは戦争の悲劇をいやというほど味わいました。過去の教訓を忘れることはできません」（１９９０年２月モスクワ。アメリカの国務長官だったジェームズ・ベーカーとドイツ統一問題を話しあう会談でのエドゥアルド・シェワルナゼ・ソ連外相の発言）

（ベーカー国務長官の回顧録「シャトル外交激動の４年」より）

「統一ドイツが強国化し、脅威になるのではないか」という懸念を解決するための話し合いだった。ゴルバチョフは統一ドイツがＮＡＴＯに加盟することに反対していた。その協議でベーカーはゴルバチョフにこう言っている。

ベーカー「もし米国がＮＡＴＯの枠組みでドイツでのプレゼンスを維持するなら、ＮＡＴＯの管轄権もしくは軍事的プレゼンスは１インチたりとも東方に拡大しない、との保証を得ることは、ソ連にとってだけでなく他のヨーロッパ諸国にとっても重要なことだと、我々は理解しています」

同「〈２＋４〉（東西ドイツにフランス、イギリス、ソ連、米国を加えた協議）のメカニズムの枠組みで調整や協議を行うことは、ドイツ統一が軍事機構ＮＡＴＯの東方拡大につながらないという保証を与えるはずだ、と我々は考えています」

（ゴルバチョフの回顧録「変わりゆく世界の中で」より）

ゴルバチョフ氏は「ＮＡＴＯを東方拡大しない」という保証はドイツ統一での東ドイツに関し

てのみ与えられた、と書いている。そして、その保証は1990年9月12日の「ドイツ最終規定条約」で明文化されたと記す。

ベーカー国務長官の回顧録「シャトル外交激動の4年」にこの下りは出てこない。また朝日新聞とのインタビューでゴルバチョフ氏は遠回しな表現ながら「その後の西側の態度」を批判している。

「NATO軍とロシア軍はごく最近までお互い離れたところにいたが、今は顔をつきあわせている。かつて我々は、ワルシャワ条約機構を解散した。当時ロンドンでNATO理事会の会合が開かれ、軍事同盟ではなく、政治が軸となる同盟が必要だという結論に至った。これは早々と忘れられた。NATOがこの問題に立ち返るのを私は望んでいる」

ゴルバチョフ氏は危機の原因を、2013年の欧州連合（EU）とウクライナの連合協定をめぐる署名問題だったとする。

「この問題がロシアとウクライナの関係にどう影響するかを顧みることなく検討された事実に、私は最初から胸騒ぎがした」

ロシア・ウクライナ・EUの〈トライアングル〉を築くため、交渉と調整のメカニズムを模索する必要があったが、EU側がロシアとの協力を一切拒否した、とゴルバチョフ氏はみた。

「ウクライナのヤヌコビッチ大統領（当時）は自身の政治的利益を優先し、結局はEUとの協定書に署名しない決定をした。これはウクライナの多くの人に理解されず、デモと抗議が始まった。最初は平和的だったものの、次第に急進派や過激派、扇動集団が主導権を握るようになった」

〈烏賀陽注：2014年の「マイダン〈首都キエフの広場〉革命に始まる政変を指す。ウクライナ国内で新欧米派と親露派の対立が激化し、ヤヌコビッチ大統領は2014年2月にロシアに亡命、翌月のロシアの軍事介入＝クリミア危機の引き金を引いた〉

ゴルバチョフ氏が強調しているのは、国際関係における信頼の概念だ。それは「双方がお互いを尊重し、お互いの利益を考慮するときに現れてくる」と述べる。そして西側が冷戦で「勝利」を表明し、信頼は損なわれたとゴルバチョフ氏は指摘した。

「西側はソ連崩壊後のロシアの弱体化を利用した。国際関係での平等の原則は忘れ去られ、我々はみな、今のような状況に置かれていることに気づいた」

〈2022年3月5日付朝日新聞〈91歳ゴルバチョフ氏「早急な平和交渉を」ウクライナ危機への視座〉より。烏賀陽が一部順番を改めた〉

結論をまとめると「NATOの東方不拡大の保証は東西ドイツ統一をめぐる協議過程で出たものであり、その限りのものだった」とゴルバチョフ氏は言っている。

しかし、その後西側が「冷戦の勝利者」として振る舞うようになり（反対にいえばロシアを『敗者』として扱ったということ）「冷戦終結当時の東西指導者が築いた信頼関係を破壊した」「ロシアの弱体化を利用した」と批判している。

これはアメリカ側の記録でも裏付けられる。1990年の段階ですでに、ブッシュ父大統領は「西側が勝ち、ソ連が負けた」と発言している。

「ソ連は、ドイツがNATOに残るべきではないと主張しています。とんでもないことです。私たちが勝ち、彼らは負けたんです。負けたソ連に、勝ちを横取りさせるわけにはいきません」（ジョージ・ブッシュ父大統領の発言。1990年2月25日ワシントンで、ヘルムート・コール西ドイツ首相との会談）

（前掲ベーカー回顧録より）

プーチンもゴルバチョフもウクライナ中立化は一致

ゴルバチョフ氏の母親はウクライナ人、妻ライサさんもウクライナ人だった。そのゴルバチョフ氏も、ウクライナがオーストリアのような永世中立国になるのが理想的だと述べている。

「ウクライナ国民のためになるのは、民主的なウクライナであり、ブロックに属さないウクライナであると私は確信している。そうした地位は国際的な保障とともに憲法で裏付けられなければならない。私が想定しているのは、1955年に署名されたオーストリア国家条約のようなタイプのものだ」

（前掲朝日新聞記事より）

オーストリアは、第二次世界大戦前夜の1938年にナチス・ドイツに併合されたが、1945年4月にソ連軍の軍事侵攻によって解放された。大戦終結後、アメリカ・イギリス・フランス・ソ連＝戦勝国（連合国）の協議の結果、オーストリアは１９５５年に占領を脱して永世中立国になった。他のソ連軍占領（東欧）国は戦後ワルシャワ条約機構に加盟してソ連の影響下に入ったが、オーストリアは中立化によって免れた。中立化はソ連にも、オーストリアは西側陣営に入らないという安心材料を与えた。

「ウクライナをオーストリアのように『中立化』（ＮＡＴＯにもロシアブロックにも属さない）することがロシアとウクライナ両国の国益になる」というゴルバチョフ氏の見解は、実はプーチン大統領と同じだ。

ウクライナに関しては、プーチンもゴルバチョフも見解が一致するとは、日本の大衆は意外に思うかもしれない。

しかし、これは本稿で説明してきたロシアの伝統的な安全保障観（Ａ：隣国の敵対化・強大化を嫌う。Ｂ：バッファーゾーンを設定したがる）からすれば、そうなるのが自然なのだ。

ゴルバチョフ時代もプーチン時代も、ロシアの地政学的な安全保障環境はほとんど変わっていない。ロシアの視点からすれば悪化している。

その解決策として「軍事侵攻という暴力的な手段を採用するのか」「話し合いという平和的な交渉を採用するのか」が、リーダーの資質によって違うにすぎない。

ここまで述べた事実を基に推論すれば、ロシアがウクライナに侵攻したのは、地政学的な安全保障上の動機（ロシア側の言葉では『自衛』）によると考えるのが自然だろう。「ロシア人vsウクライナ人の民族対立」とか、その反対の極にあるプーチンが唱える「ロシア・ウクライナ民族一体説」（どちらも民族的動機）あるいは「民主主義国vs全体主義国」などという二項的な観察は、表面的または副次的、あるいは「政治宣伝のプロパガンダ」「建前」にすぎないと私は考える。

それよりは「ロシアが歴史上無数に繰り広げてきた敵対勢力（この場合はＮＡＴＯ）との地球規模での地政学的な摩擦のひとつ」と考えるほうが、ウクライナ戦争の本質は理解しやすい。

第二次世界大戦でセバストポリは、１９４１年9月から１９４２年7月にわたる戦闘でドイツ軍（枢軸軍）が占領。１９４３年10月から１９４４年5月にソ連軍が反撃し奪回した。サンクトペテルブルグ（旧レニングラード）やボルゴグラード（旧スターリングラード）と並んで「第二次世界大戦での侵略に英雄的に抵抗した」として「英雄都市」（旧ソ連内に12都市・１要塞）の称号を与えられた。

ソ連・ロシア指導者にとってクリミア半島・黒海エリアは、軍事的な勝利の歴史に満ちた「名蹟」なのである。くわえて、寒冷なロシアにとって、黒海に面するクリミア半島は地中海に似た温暖な保養地でもある。２０１４年の冬季五輪が開かれたソチも黒海東岸の保養地だ。

１９９１年8月にソ連で保守派が起こした「8月クーデター」の時、ゴルバチョフ大統領（当時）はクリミア半島フォロスにある自分の別荘にいた。セバストポリにほど近い半島南端の町である。ゴルバチョフは3日間この別荘にクーデター派に幽閉された。

そうした地政学的なクリミア半島・黒海のロシアにとっての重要性から考えると、ロシアがウクライナを諦めることはないだろうと私は推論する。

ウクライナ侵攻はブレジネフ・ドクトリンの再来

ひとつ困るのは、ウクライナは今や独立した主権国家なのに、同国が自国の国益に沿う行動を取らないからといって「軍事侵攻する」というプーチン大統領の手法が、ソ連時代の古臭い発想（1968年の『ブレジネフ・ドクトリン』）そのままだという点だ。

ウクライナ戦争は、モスクワの意に沿わない東欧・ソ連内の動きを軍事で踏み潰したハンガリー動乱やチェコ事件、チェチェン戦争、ジョージア戦争と酷似している。

東欧への軍事介入の正当化として、1968年に当時のレオニード・ブレジネフ・ソ連書記長は「制限主権論」（社会主義体制を守るためには衛星国の主権は制限される＝軍事介入してよい）を唱えた。このブレジネフ・ドクトリンは、1985年にゴルバチョフ書記長が正式に放棄を表明するまで続いた。

ウクライナ侵攻でのプーチン大統領の態度は、まるでウクライナを独立した主権国家とみなしていないように見える。私はこれをロシアの「ブレジネフ・ドクトリンへの祖先返り」と見ている。時代錯誤（アナクロニズム）だとすら言える。

こうした「ロシアが旧ソ連圏国をどう見ているか」については後に詳しく解説する。

2

旧ソ連構成国をロシアは主権国家とみなさず

2022年2月24日にロシアが隣国ウクライナに軍事侵攻した時、国際社会の反応は「驚愕」を通り越して「パニック」に近いものだった。その反応のひとつが「ウクライナに攻め込むなら、わが国にもロシアは攻め込んでくるのではないか」である。

特にロシアと国境を接する国は、ウクライナの連想で我が身を案じずにはいられない。それは「恐怖」に近い「感情」であり、理性的な判断は後退している。

政策決定者が「そんな可能性は低い」と考えても、民主主義国では世論（＝有権者）が政策決定の主役である。世論が理性的であるとは限らない。むしろ感情に左右される。

日本もロシアの隣国かつ領土紛争を抱える

同年5月18日、フィンランド（とスウェーデン）が長年の中立政策を捨ててＮＡＴＯ（北大西洋条約機構）への加盟を正式に申請したことはその現れである。

ロシアと国境を接するフィンランドは、第二次世界大戦初期に2回、当時のソ連に攻め込まれている（第一次：1939年11月〜40年3月『冬戦争』。第二次：1941年6月〜44年9月『継続戦争』）。

第一次でソ連は国際社会に侵略行為を非難され、国際連盟を除名された。第二次でフィンランドは防衛のためソ連と戦争していたナチス・ドイツと同盟。そのため今も国際連合憲章53条の「敵国条項」にリストアップされている。

第二次世界大戦後のフィンランドは、資本主義と議会制民主主義を維持しながら、西側の軍事同盟には加わらず「友好協力相互援助条約」を締結して、ソ連とは「友好関係」にあった。「大国の隣接国が、大国に敵対しないよう中立的な政策を取ること」を「フィンランド化」(Finlandization) という国際政治用語があるほどだ。

そのフィンランドのNATO加盟申請は、第二次世界大戦後77年続いた「中立政策の放棄」+「ロシア敵対陣営（とロシアは考えている）への参加」という大転換である。

スウェーデンにしても「武装中立」はナポレオン戦争＝1812年以来の国是（実際はNATO・アメリカ寄り）であり、210年ぶりにそれを捨てる。

ウクライナ戦争はそれほどのショックを周辺国に与えたわけだ。

実は、わが日本もロシアと海上で国境を接する隣国である。

第二次世界大戦末期、大日本帝国がポツダム宣言受諾を公知する1945年8月15日の6日前、8月9日に満州国（当時は大日本帝国の衛星国）や朝鮮半島（大日本帝国の一部）、樺太（南半分は同領土）に攻め込んだ。

降伏条約調印の同年9月2日後も、北海道の対岸ギリギリまで進軍は止まらなかった。その南クリル（千島）諸島の「択捉」「国後」「歯舞」「色丹」の4島は現在も「北方領土」（日本側の呼び名）として日本政府は「ソ連→ロシアの不法占拠」を主張している。

その後ロシア（ソ連）に動きがなかったかというと、そんなことはない。朝鮮戦争（１９５０～53年）が起きた。朝鮮半島の北半分38度線以北に「勢力圏」（後述）＝朝鮮民主主義人民共和国（北朝鮮）を樹立することに成功した。１９１０年に大日本帝国が李氏朝鮮を併合して以来、40年間動きが止まっていた帝政ロシア・ソ連の朝鮮半島での勢力圏構築が再開し、北半分で成功、そのまま固定化して２０２３年の現在に至る。

こうした１００年単位のビッグ・ピクチャーから見ると、ウクライナ戦争を見て、フィンランドや日本の世論が「歴史の悪夢」を思い出すのは、故なしとはしない。

では２０２３年の現在、ウクライナに侵攻したからと言って、ロシアは今度はフィンランドや日本に攻め込んでくるのか。ウクライナと、フィンランドや日本などの間には何か違いがあるのか、ないのか。

それをロシアの視点から考えてみよう。攻め込むも攻め込まないも、ロシア側の判断だからである。

旧ソ連＝「ロシアが優先的な国益を持つ地域」

そこで「現在のロシアは、どこまでを自国の『勢力圏』（Sphere of Interest＝ＳＯＩ）と考えているのか」を調べてみた。

国際政治用語での「勢力圏」の定義は「国家もしくは組織が支配する領土外において、文化的、経済的、軍事的、政治的な独占権をもつ地域」である。

２００８年８月、当時のメドベージェフ・ロシア大統領が発表した「外交５原則」（通称）に明確な記述があるので引用しよう。（５）に注目してほしい。

（１）ロシアは、文明的な国民間の関係を規定する国際法の基本原則を優先する。国際法の原則の枠内において、他国との関係を発展させる。

（２）世界は多極であるべきで、一極支配は容認できない。ロシアは、すべての決定が一方側からのものであるような世界秩序を受け入れることはできない。それが米国のような重要な国によるものであってもである。そのような世界は不安定であり紛争の危険がある。

（３）ロシアは如何なる国とも対立を望んでいないし孤立するつもりもない。米国及びその他の諸国ともでき得る限り友好的な関係を発展させていく。

（４）ロシアにとって、自国民がどこにいようとも、その生命と尊厳を擁護することが無条件

に優先される。これに基づき、国外のロシア企業の利益も擁護する。誰かが攻撃をしかけてくれば、それは報復を受けるであろうと言う点を全ての諸国は理解すべきである。

（5）ロシアには、世界のその他の諸国と同様に「特権的な利害を有する地域」がある。これらの地域に位置する諸国とロシアは伝統的に友好的な善隣関係及び歴史的に特別な関係を有している。ロシアは、これらの地域において非常に注意深く活動しており「近い隣国」との友好関係を発展させている。

（5）にいう「特権的な利害を有する地域」という言葉は“spheres of privileged interests”と英語に翻訳されている。

“Privileged”は「特権的」というよりは「優先的」という語感を帯びている。これは前述の「勢力圏」（sphere of interest）よりさらに強い言葉だ。「ロシアが優先的な国益を持つ地域」と意訳すればよいだろうか。

（5）でまずロシアは「他の国と同じように、わが国には勢力圏がある」と宣言する。その地域は「伝統的に友好的な善隣関係」「歴史的に特別な関係」「近い隣国」だと形容する。

ロシアが「歴史的」（過去）に「特別」「友好的」な関係にあった「善隣」的「隣国」といえば、

①旧ソ連構成国

②冷戦時代のワルシャワ条約機構加盟国（東欧）

である。

中華人民共和国は、かつては「共産主義の同志」「兄弟国」だったが関係が悪化。中ソ国境紛争（1969年）と中国のアメリカへの接近を経て、冷戦後は「敵ではないが同盟国でもない」という程度の関係である。北朝鮮はロシアのコア・テリトリー（心臓部）であるモスクワ周辺から遠すぎて「近い隣国」とは言えない。

そこに（4）を重ね合わせて読めば「ロシア系住民のいる」かつ「歴史的」に「特別」な「友好的」な関係にあった「隣国」とは旧ソ連構成国のことを指しているのは明白だ。つまりロシアは「旧ソ連構成国はわが国の勢力圏である」と2008年に宣言しているのだ。

上の「外交5原則」で重要な「ロシアが言わなかったこと」は「旧ソ連構成国はロシアの勢力圏だ。そこでのロシア系住民保護のためには軍事介入も辞さない」である。こうした「わざと言わなかったこと」を読み解くと、そこに外交文書の真意がある。

政策変更前には「テーゼ」を発表するロシア

プーチン・メドベージェフ体制のロシアは律儀というか、政策に変更を加える時には「原則」や「理論」をあらかじめ声明や論文で発表することが多い。上記の「外交5原則」もそうだし、ウクライナ戦争を前にプーチン大統領が「ウクライナとロシアの民族的一体性」を書いた論文もそうだ。

社会主義では、こうした政策理念を文書にしたものを「テーゼ」（英語：thesis。ドイツ語：These。フランス語：thèse）と呼んだ。「ある観念をまとめて表現・主張する文章」を指す。日本語でいえば「論文」である。こうした文書や声明を党組織やマスメディアで回覧・公開し、国民に「なぜこの政策を取るのか」を説明し「指導する」建前になっている。

1917年4月、ロシア革命の端緒を切ったレーニンの発表した声明（「すべての権力をソビエトへ」のフレーズで有名）は「4月テーゼ」という名前で歴史に名前をとどめている。

プーチン大統領は、そうした「テーゼを発表してから政策を実行する」というソ連時代のスタイルが好きなようだ。ということは、発表される「テーゼ」を解読してみると、何がやりたいのか、だいたいの予想をつけることができる。反対に「それまでとは違うテーゼ」がロシア政府から発表されたら「要注意」のシグナルということだ。

この「外交5原則」が発表されたのは、2008年8月7日〜16日のロシア・ジョージア戦争の直後というタイミングであることに注目してほしい。メドベージェフ大統領が「5原則」を公表したのは「なぜ独立国であるジョージアに軍事侵攻したのか」という国際社会からの疑問に答える形になっている。

ジョージアはソ連時代の構成国だった。崩壊後は独立国になった。しかし「アブハジア」と「南オセチア」という2地域の分離独立をめぐって内戦が始まり、それにロシアが軍事介入した（ロシア軍とジョージア軍のどちらが先に攻撃を始めたのかは双方が相手側を非難している）。

戦闘の結果、ジョージア軍は壊滅状態になり、両地域から撤退。ロシアは両地域を独立国として承認。自軍を残した。ジョージアにとっては自国領のロシアによる占領である。

ここで「外交5原則」を読み返すと、その意味がわかる。

（5）でロシアはジョージアを「優先的な国益を持つ地域」と考えている。次に（4）。南オセチアでは、人口の8分の7がロシアのパスポートを持ち、3分の2がロシアで収入を得ている。先の「5原則」のロジックを使えば、独立国であるジョージアに軍事侵攻するのは「ジョージアにいるロシア国民の生命と尊厳を擁護する」「国外のロシア企業の利益を擁護する」という建前を主張できる。

れっきとした独立国＝主権国家であるジョージアへのロシアの侵攻は「国家主権の侵害」である。しかしロシアは「ジョージアはロシアの勢力圏（旧ソ連構成国）だ」「そこにいるロシア系住民の保護のためだから、主権侵害も許される」と公式に表明している。

ウクライナ戦争はジョージア戦争とそっくりの相似形

お気づきだろうか。これはウクライナ戦争でのロシアの主張・行動と瓜二つの相似形を描いている。2014年の「第一次ウクライナ戦争」から2022年の第二次同に至るまで、ロシアが変わらないのは次の2点である。

①「ドネツク」「ルハンスク」というロシア系住民が大半を占めるウクライナ内2州のウクライナからの分離・独立運動を支援

②クリミア半島がロシアに帰属するという主張

クリミア半島のロシアにとっての戦略的重要性は前に詳しく説明したので今回は省略する。

ウクライナへの軍事侵攻でロシアが主張する理由のひとつは「両州におけるロシア系住民の保護」だった。軍事侵攻の数日前、ロシアは①の2州を独立国として承認した。

この「旧ソ連構成国内にいるロシア系住民の保護を口実に軍事侵攻する」という手法は、ジョージアとウクライナでまったく同じである。

ついでにいうと、ロシア・ジョージア戦争が始まった2008年8月とは、4ヶ月前の同年4月に、NATOがジョージアの「将来的な加盟」に合意したばかりというタイミングだった。この「ブカレストNATO首脳会議」でジョージアと並んで「将来的な加盟」を認められたのがウクライナである。(注：NATOは正式の加盟手続きである「加盟国行動計画＝MAP」への両国の参加は見送った)

ジョージア戦争が起きた2008年の時点では、ロシアが敵対的と考えるNATOの「東方拡大」(旧ワルシャワ条約機構国・旧ソ連構成国の加盟)はすでに始まっていた。

1999年：ポーランド、チェコ、ハンガリーがNATOに加盟。

2004年：バルト三国、ルーマニア、ブルガリアがNATOに加盟。

ロシアがジョージア戦争を始めたのは「ジョージアとウクライナが敵対陣営に入ってしまう」というタイミングだったことがわかる。ロシアにすれば「まずジョージアに軍事侵攻すれば、ウクライナもわが国の意図を理解してNATO加盟を諦めるだろう」と考えたのではないか。

ロシア系住民の保護を名目に内乱誘発・介入

これまで前章で、ロシアは隣接する国が、
①強大化　②敵対化　③勢力圏から離脱
しようとすると、その国を弱体化しようとすることを指摘した。

ここで「5原則」のいう「ロシア系住民の保護」は、ジョージアとウクライナに応用され「アブハジア・南オセチアのジョージアからの分離独立」「ドネツク・ルハンスクのウクライナからの分離独立」という形で内乱・内戦化したことに注目してほしい。

「内乱・内戦の誘発・支援」にはもうひとつロシアにとって利点がある。内戦状態にある国のNATO加盟は、ほかの参加国が認めないことだ。内戦状態にある国と軍事同盟を結べば、同盟に引きずられて他国の内戦に巻き込まれる。「ヨソのもめごと」に引きずり込まれてしまうのだ。

これは、オーストリア・ハンガリー帝国内・バルカン半島の局地的な民族紛争に、全世界が同盟関係で引きずり込まれた第一次世界大戦の悪夢の再来である。欧州諸国としては一番起きてほしくないシナリオだ。（注：第一次世界大戦の始まりについては、バーバラ・タックマンの「8月の砲声」〈ちくま学芸文庫〉を参照）

ロシアが秘密工作で（ロシア政府は決して認めないが）ロシア系住民の蜂起・独立運動を起こせば、その国がＮＡＴＯに加盟することを防げる。内戦が続く限り、その国はＮＡＴＯには加盟できない。ロシアにすれば内戦がズルズル続いてくれるほうがいい、という結論になる。

これは現在続いている第二次ウクライナ戦争にも暗いシナリオを提示する。

ロシアにすれば、ウクライナとの武力衝突が規模を問わず続いている限り、ウクライナはＮＡＴＯに加盟できない。小規模でも国境紛争でもいいから、グジグジと武力紛争が続けば、ロシアの国益にかなうことになる。つまりロシアからすれば「ウクライナとの武力紛争が常態化」するほうがいい、という結論に至る。

ウクライナが、イスラエル・パレスチナのように、いつも何らかの武力衝突やテロ、ゲリラ活動が常態化した地帯になる。それが私の懸念である。

これは当て推量ではない。ゼレンスキー大統領は、２０２３年4月に「ロシアとの戦争が数年もしくは数十年続く可能性がある」と指摘した（フィンランド放送協会などのインタビュー）。

ウクライナのレズニコウ国防大臣も「現在の戦争はマラソンであって、短距離走ではないのであり、したがっていつ戦争が終結するかについて述べることは不可能だ」と言っている（２０２３年4月27日、ＲＢＣウクライナとのインタビュー）。

少なくとも、ウクライナ側は戦争が数十年続く可能性すら想定している。そしてそれは皮肉なことに、ロシア側の国益にも合致する。

他国への介入は主権侵害だが人道上なら許される＝R2P

ソ連が崩壊した1991年時点で、旧ソ連内のロシア連邦以外の構成国には約2500万人のロシア系住民が住んでいた。実はウクライナはその中で最大833万4000人のロシア系住民を抱える。全人口の17・2％である（ジョージアの紛争地であるアブハジアは9・1％、南オセチアは3・0％）。

植民地帝国が解体すれば、本国に帰るのが、これまでの大英帝国やフランスの植民地帝国や大日本帝国の常であった。しかし、陸続きの「ソビエト帝国」の経験は特異なものである。2500万人ものロシア人が帰還する現実的な方策は立ちようもなく、ロシア本国にも受け入れる態勢はない。かれらは、ロシア連邦以外の各共和国において「少数民族」として行きていくほかないのである。

（山内昌之「帝国とナショナリズム」〈岩波書店〉）

つまり、旧ソ連構成国は、国内にロシア系住民を抱える限り、ロシア連邦がその保護を名目に介入し、敵対的な政権をつぶす、政策を反転させる可能性があるということだ。ウクライナ戦争はまさにこのコースをたどった。

こうした外国による他国への「保護する責任」はロシアが始めたのではない。国際政治用語で「人道的介入」（R2P＝Responsibility to Protect）という。「人道的理由に基づく場合は、国家主権が制限されうる」＝「他国の軍事・政治介入が許される」という論法である。

これは「諸国家間の法的平等」「内政不干渉」「領土的一体性の尊重」＝要するに他国には干渉しない＝といった古典的な国家主権秩序（＝『ウエストファリア的秩序』と呼ばれる）には抵触する。しかし、その国の中で人道的な危機が起きている場合は、例外として、国家主権を侵害してでも他国の介入が認められる。そんな主張だ。

「人道的介入」は冷戦後に出てきた論法である。旧ユーゴスラビア内戦や、ルワンダ内戦で数十万人の死者を出しながら、欧米が介入をためらううちに犠牲が拡大したため、生まれた。1999年のNATOによるユーゴスラビア空爆（コソボ独立をめぐる内戦への介入）や、2003年のイラク戦争では、欧米によってこのR2P論が使われた。

ロシアは、こうした欧米のR2P論には猛反対してきた（シリア内戦へのロシア介入を除く）。これは前述の2008年「外交5原則」（1）でも「国際法を守ります」と宣言しているので、筋は通っている。

ところが、旧ソ連構成国のジョージアやウクライナ（先立つチェチェン戦争）になると、ロシアの態度は反転する。「ロシア系住民の保護」という「R2P」論をそのまま使って、軍事介入をためらわないのである。

つまりロシアは「旧ソ連の内・外」で「主権国家への不介入原則」を正反対に使いわけている。ミもフタもなく言ってしまえば、ロシアは旧ソ連構成国を主権国家扱いしていないのだ。

そして、「人道的介入なら他国への武力介入も許される」という論法を先に使い出したのは米国・NATOをはじめ西側なので、実はロシアに対して偉そうなことは言えないのだ。

イデオロギー追求から実利と国益追求へ

カーネギー財団のロシア人国際政治学者であるドミートリー・トレーニンは前掲書でロシアの勢力圏について、"influence"（影響）"Interest"（国益）という言葉を使い分けて定義している。ロシア政府の考えについてよく表現していると考えるので、引用してみよう。

同じ「勢力圏」でも、

ソ連時代：Sphere of Influence＝影響圏　→　ロシア時代：Sphere of interest＝国益圏

現在のロシアの勢力圏に関する考え方は、2000年代中期に遡る。ソ連時代に比べると、ロシア共和国の考える勢力圏ははるかに小さく、そして軽い国益に基づく。加えて「影響圏」というほど強制的でもない。ソ連時代のイデオロギーは、ロシアではプラグマティズム（実利主義・現実主義）に転換した。「影響圏」が包括的かつ排他的であるのに比べると「国益圏」ではもっと具体的かつ個別的な国益を摘示することができる。そして国全体ではなく、ある国の中の政治・軍事的、経済的、金融的、あるいは文化的な地域に絞られる。

トレーニンの言葉を私なりにまとめてみた。

ソ連が崩壊してロシアになって、

勢力圏は維持する。

〈変わらない点〉

〈変わった点〉

①政治的目的―イデオロギー（共産主義）ではなく、国益という実利に転換。

②手法―一国を丸ごと取らなくてもよい。国の一部でも国益を確保できればよい。

もう少し詳しく検討してみよう。ロシアの軍事・政治研究者である小泉悠氏の著作『帝国ロシアの地政学』（東京堂出版）から引用する。

〈かつてソ連時代の勢力圏〉

①ソ連の領土そのものに組み込まれていた地域

②ワルシャワ条約機構や経済相互援助会議（COMECON）といった諸制度を通じてソ連主導の体制に組み込まれていた地域

③不安定で限定された影響力だけを発揮できたアジア・アフリカ諸国

ソ連崩壊と冷戦終結で、ロシアは②③を勢力圏と考えなくなった。しかし一方、旧ソ連構成国は依然「勢力圏」だと考えている。

ソ連崩壊で「支配圏」のような強固な勢力圏は失われたものの、旧ソ連諸国は依然「影響圏」とみなされ続けてきた。つまり旧ソ連諸国はロシアにとって単なる「外国」ではなく、ロシアが一定の影響を及ぼすべき「勢力圏」だということだ。

〈旧ソ連構成国の現在〉

①ロシア主導の政治・経済・安全保障枠組みに加盟し、ロシアと概ね共同歩調をとる国々＝カザフスタン、ベラルーシ、アルメニアなど。

②①から距離を置く国＝ウズベキスタン、トルクメニスタンなど。③ＮＡＴＯやＥＵへの加盟を目指す国＝ウクライナ、ジョージアなど。

引用した「帝国ロシアの地政学」（東京堂出版）が出版されたのは２０１９年である。同書で小泉氏は「ロシアにとって決定的に好ましくないと考える行動」として「ＮＡＴＯやＥＵへの加盟」を挙げている。すると、ジョージアとウクライナという、ロシアに軍事侵攻された旧ソ連２国は、どちらもその「虎の尾」を踏んだことになる。

ロシアの主権国家観は西欧とは異文化

そもそもロシア、特にプーチン大統領の「主権国家」に関する考え方は西欧型民主主義国とはまったく違う。「異文化」と考えるべきだ。すなわちロシアとの外交は「異文化交流」として備えねばならない。

２０１７年にサンクトペテルブルグで開かれた「サンクトペテルブルグ国際経済フォーラム」で、インドのモディ首相、オーストリアのケルン首相らと登壇したプーチン大統領は「ドイツには制限された主権しかない」と話したことがある（２０１７年6月2日、St Petersburg International Economic Forum plenary meeting）。

それに先立つ２０１７年5月27日、ドイツのメルケル首相（２０２１年12月退任）は、アメリカのトランプ大統領の登場やイギリスのEU脱退を受けて次のように発言した。

「ヨーロッパがアメリカやイギリスに完全に頼ることのできない時代が来た。これからは、私達の運命は自分の手で決めなくてはならない」

このメルケル発言について、プーチン大統領は前述の経済フォーラムでこうコメントしている。

「世界の中で「主権」（sovereignty）を享受している国はそう多くありません。誰も悪く言うつもりはないのですが、メルケル首相の発言は「主権」が制限されていることへの長年にわたる嫌悪感から出たものであることは間違いないでしょう」

「軍事・政治同盟の枠組みでは、公式に「主権」は制限されています。何をしていいか、してはいけないのか、明文化されています。しかし現実はもっとひどい。許可のないことは何もしてはいけない。誰が許可を出すのかといえば、リーダー国です。そのリーダーはどこにいるのか？　彼らははるか遠くにいる」

「繰り返しますが「主権」を持つ国はそれほど多くありません。ロシアは「主権」を大切にします。おもちゃにしたりはしません。国益を守るために「主権」はどうしても必要です。国家の発展を確実にするためにも必要です」

（プーチン大統領の発言はロシア語。クレムリンウエブサイトの英語訳より烏賀陽訳）

つまりプーチン説による「主権国家」とは「他国の指図や許可なしに、国益や発展を守る行動を決めることができる国」という意味になる。そして「そんな国はそう多くない」と述べる。この論法を敷衍すると、ＮＡＴＯのようなアメリカ主導の安全保障体制の枠組みにいる国はすべて「制限つきの主権しかない国」ということになる。

ＥＵの主要経済大国であるドイツを指してそう言うのだから、日米安全保障条約下で防衛と外交政策をアメリカに依存している日本も当然その「制限された主権しかない国」に入る。

続けて同フォーラムで、プーチン大統領は「主権」を持つ国としてインドと中国を挙げている。そこにロシア自身を加えると、共通するのはすべて核武装国だということだ。国家の最終的な生存を自国で決める軍事力を完結させている国だけが、プーチン大統領による「主権国家」ということになる。

このロジックを旧ソ連構成国であるジョージアやウクライナに当てはめると「旧ソ連国」かつ「非核武装国」という意味で、二国の主権は二重に否定される。あくまでロシアの視点からすれば、だが。

こうした「勢力圏の国には軍事介入してもかまわない」というロジックは、ソ連時代の1968年に当時のレオニード・ブレジネフ書記長が公表した「ブレジネフ・ドクトリン」に近似していることは前に述べた。「ブレジネフ・ドクトリン」は、1985年にゴルバチョフ書記長が「内政不干渉」を打ち出して破棄されたことになっている。

ところが2008年のジョージア戦争・メドベージェフ外交5原則で、ロシアの政策はブレジネフ・ドクトリンとほぼ同じ内容に戻ってしまった。ペレストロイカ以前に40年も逆行してしまったのだ。

安全保障政策では、プーチン体制（メドベージェフ大統領時代、プーチンは首相。その後大統領に復帰）はソ連時代と変わらない「他国への介入OK主義」に逆戻りしたということだ。その範囲が「旧ソ連構成国」、目的が「社会主義体制」から「国益」に変化しただけである。

冷戦終結後も勢力圏争いは終わらず

話を少し戻す。

「勢力圏」の原義“Sphere of Interest”は「ある国家の利害（＝国益）に関係する地域」である。つまりある国家Nが「その地域にはわが国の国益がかかっている」と判断する地域Rは、国外であっても「勢力圏」と見るわけだ。勢力圏Rで他国Pが利益を伸ばすことを国家Nは好まない。自国の国益を減じる行為と考える。

「勢力圏」というと帝国主義時代の言葉のように思うかもしれない。第二次世界大戦後、国際社会から帝国主義は退場したことになっている。建前上はそのとおりだ。

しかし続く冷戦時代、米ソを筆頭とする東西陣営は「勢力圏」を拡大すべく、アジア・アフリカ・中南米・中近東など世界中で鍔迫り合いを繰り広げたことは歴史が雄弁に語っている。

2022年の現在もそれは続いている。NATOの東方拡大（かつての東側同盟国＝ワルシャワ条約機構加盟国がNATOに参加）がその一例だ。

ソ連崩壊・冷戦の終結後、ワルシャワ条約機構は解散した。ところが冷戦時代の東側に対抗する軍事同盟であるNATOは存続し、かつての東側国に加盟を広げた。それがロシアの警戒と不信を呼んだ。最終的にはジョージアとウクライナがNATOに参加すると表明した。

それが軍事侵攻の遠因になっていることは前に書いた。

言うまでもなくNATO加盟国はアメリカ・西欧の「勢力圏」である。ポーランドやチェコは冷戦時代はソ連の「勢力圏」であり、ソ連・ロシアにとって敵対陣営から自国を引き離す「バッファーゾーン」の役割があったことも書いた。つまり冷戦終結から40年を経た現在も、米国・西欧とロシアは「勢力圏」を広げるべく「押したり引いたり」を続けているのである。

大陸国家ロシアの特殊な地政学環境

ロシアは地政学的に特殊な条件を負っている。もう一度まとめてみよう。

地球上の陸地の9分の1を占める広大な領土。

←

そこに侵略者を防ぐ自然の障壁（山脈、河川、海など）がほとんどない。

←

陸地を通って外敵が侵入する歴史が繰り返された。

←

国境は隣国との交渉・同意で引かれた人為的な線にすぎない。

←

戦争や革命、政治交渉で国境線が動く。

ゆえに「国境は陸地に人間が引いた線にすぎない」「いつその国境を越えて外国が侵略してくるかわからない」という「被害者意識」がロシア人の集合的無意識に根を下ろした。

歴史的にみても、モンゴル帝国から始まって、ポーランド王国、オーストリア・ハンガリー帝国、オスマン帝国、ナポレオン、ナチス・ドイツと、ロシアの歴史は「侵入してきた外敵との戦い」の連続である。

これは私見だが、ロシアの安全保障政策の基調低音には、こうした「いつ侵略されるかわからない」という恐怖、被害者感情が脈々と流れているように思える。それはときに「過剰に防御的」「被害妄想的」にさえ思える。まして今のロシアは核武装した軍事大国なのだから、外から見ると攻撃的で侵略的な「危険な国」に見えてしまう。

そんな地政学的な条件から、ロシアの安全保障政策にいくつかの特徴があることは前述した。

「隣国の強大化・敵対化を嫌う」

「隣国を弱体化させようとする」＝分裂、内乱、分断国家化など。

「敵対勢力との間にバッファーゾーンを置こうとする」

ゆえに、ロシアは外国であっても隣接国に干渉することをためらわない。政治・経済的な介入であることもあれば、軍事的介入であることもある。その目的は「自国に友好的にすること」だ。それによって「勢力圏」を自国の周りに作ることになる。

ところがこの動きを外から見ると「ロシアは隣国に干渉的」または「拡張主義的」と映る。「ロシアは侵略的だ」と考える。ロシア政府は「いやいや、わが国の安全のためにやっているのです」と主張する（あるいは本気でそう思っている）。しかし周囲は不安と恐怖にかられる。

こうして不安・恐怖→不信・猜疑→対立・紛争という負のループが始まる。これはロシアと周辺国の間で解決したことのない歴史的なジレンマである。

ロシアは今も敵対する陣営（例：ＮＡＴＯ）との間にバッファーゾーンを置きたいと考えている。ウクライナ戦争でウクライナの「中立化」「非武装化」をロシアが要求しているのも、ウクライナをバッファーゾーンにしたいという願望の表現である。

ところが、そうやって隣接国に干渉すればするほど、周辺国は怯えて対抗陣営に入ろうと必死になる。それはロシアには敵対的な行動と映る。さらに攻撃的になる。

そうやってロシアと隣接国、西欧・米国陣営は、終わりのない猜疑と不信、結果として軍事エスカレーションのループにはまって抜け出せなくなる。

ウクライナ戦争は、その最悪の帰結といえるだろう。

3 ウクライナ国内東部と西部はほとんど別の国

現在の「ウクライナ」という国は、現代日本のような民族的あるいは文化的な均質性が高い国ではない。その多様性は日本人の想像を超えている。

今私たちが「日本人」と呼ぶような、文化的あるいは民族的に均一な「ウクライナ人」は存在しない。それを誤解すると、この国の歴史と文化、多様性は理解できない。ゆえにウクライナ戦争の原因も理解できない。

なぜそれほどの文化的多様性がウクライナにあるのか。それを日本人読者に説明するにはどうしたらいいのか。頭を悩ませた。

まず、国家として現在存在する「ウクライナ」と、空間あるいは地名としての「ウクライナ」は分けて考えたほうが理解しやすい。

空間としてのウクライナには、歴史上ウクライナ民族の国家があったりなかったり、あっても国境線が動いたり、そもそも国境という概念が曖昧だったりする。

そこに多様な民族が液体のように流れ込む。日本のように「海岸」という国境線で「内外」（ウチ・ソト）が明確に分かれるのではなく、ゆっくりとグラデーションを描いて民族構成が混じりあう。こうした前提で考えると理解が早い。

自然国境がない大陸国家の悲劇

「ウクライナ国」はユーラシア大陸のど真ん中にある大陸国家である。黒海とカラパチア山脈を除いて、国境はすべて人間が交渉で決めた人工の線（『人為国境』）にすぎない。

これは日本のように国境線がすべて「海」という自然の地形によって形作られた国（『自然国境』）とは正反対である。さらに海、大河、山脈、砂漠、ジャングルなど、異民族の侵入をふせぐ自然のバリアが存在しない。「ウクライナ」はステップ（Steppe＝丈の短い草）の生える平原

（『ステップ平野』）で、軍隊の行軍を遮るものが何もない。つまり侵略されやすい。
もともと「ウクライナ空間」はちょうど、アジア〜ロシア〜東欧〜西欧と連続する「大陸ど真ん中の交差点」の位置にある。隣国が強大化するたびに、ウクライナは四方八方から侵略を受けた。戦争で住民が犠牲になり、異民族に支配される。抵抗して地元ウクライナ民族の国家を作ろう（＝独立）としては潰される。その繰り返しで歴史が形作られている。

これは「ウクライナ空間」が背負う地政学的な悲劇である。強国に隣接する国が、繰り返し侵入と支配を続け、それへの抵抗の連続が歴史になる。その意味でウクライナはバルカン半島、インドシナ半島（ベトナム）や朝鮮半島に似ている。

現代日本人はウクライナに侵攻した強国というと「ロシア」を思い浮かべる人が多いだろう。しかし、ウクライナに軍事侵攻した歴史のある国は「ロシア」（帝政ロシア・ソ連・ロシア共和国）だけではない。

1200年代のモンゴル帝国に始まって、ポーランド王国、リトアニア、スウェーデン、オスマン・トルコ帝国、ドイツ（第一次・第二次世界大戦の2回）、フランス、オーストリア・ハンガリー帝国などなど、強大化した周辺国はほぼ例外なくウクライナへ侵攻している。

モンゴル帝国がウクライナに東から侵入したことは、鎌倉時代の「元寇」との関連で日本人も知っている人が多いだろう。しかし西から侵入したポーランド王国（正確に言うと『リトアニア・ポーランド王国』）のことを知る人は少ない。

ウクライナの地元民族の視点から見ると、北からはロシア、南からはオスマン・トルコと、まさに東西南北・四方八方から異民族がやってきては戦争を繰り返し、占領と支配を続けたということだ。地元民族が独立国家を作ろうとするたびに潰される。いい迷惑である。

異国が侵攻し、占領されるたびに、支配国が地元民に使わせる言語も変わる。支配層の使う言葉が変化する。言語間で上下関係が発生する。社会文化全体が変わる。

支配国が撤退したあとも、言語や社会文化はそのまま地域住民が保ち続ける。そうやって「ウクライナというひとつの地理的空間に、モザイク状に異なる文化・民族集団が分布する」という現実が残る。

民族集団をまたいで国境線が引かれた地方も多々ある。ゆえに、ウクライナ国内には多数のエスニック集団が存在する。

現在の国境線はソ連時代・第二次世界大戦終結時に確定

現在のウクライナ国の国境は、350年にわたるそうした二転三転、押したり引いたりの末、1945年の第二次世界大戦終結時に確定した形が受け継がれている。ロシア革命・ソ連邦成立から第二次世界大戦、ソ連崩壊までその歴史を駆け足で雑駁に述べてみよう。

1922年：ソ連成立

内戦と干渉戦争にソ連（ボルシェビキ）政府が勝つ。ウクライナはソ連邦の中の「ウクライナ・ソビエト社会主義共和国」になる。

1939年：独ソがポーランドを分割。ポーランド消滅

ソ連とナチス・ドイツが手を組んだ独ソ不可侵条約には、お互いの勢力圏を山分けする秘密協定が含まれていた。双方の代表者の名前を取って「モロトフ・リッベントロップ協定」という。ポーランドが独ソによって分割され消滅。ポーランドに支配されていたウクライナ西部がソ連の領地になった。なおこのドイツのポーランド侵略によって英仏がドイツに宣戦布告、第二次世界大戦が始まった。

1941年6月：ナチス・ドイツがソ連に奇襲侵攻

独ソ戦開始。ドイツ軍とハンガリー、ルーマニアなどがウクライナに攻め込む。

1945年5月：ナチス・ドイツと枢軸国敗戦

現在のウクライナの国境線確定。ウクライナと白ロシア（独立後は『ベラルーシ』）はロシアとは別に国連総会で独自の議席と票を持った。

1991年：ソ連邦解体

ロシア・ウクライナ・ベラルーシのソ連構成主要三ヶ国が歩調を合わせて主権宣言（独立）。現在の独立国「ウクライナ」が成立した。ソ連は73年の歴史を終えた。

ウクライナ国内に10以上の少数言語

2022年のウクライナ戦争のニュース記事ではよく「ウクライナ語話者」(67・5％＝2001年国勢調査)と「ロシア語話者」(同29・6％)という言語で、ウクライナ国内の民族構成が説明される。

しかし現実はもっと複雑だ。ウクライナ国内の民族集団の言語には「ベラルーシ語」「ブルガリア語」「ポーランド語」「ルシン語」「ルーマニア語」「ドイツ語」「イディッシュ語」(ユダヤ言語)「アルメニア語」「クリミア・タタール語」「ハンガリー語」「現代ギリシャ語」と多数ある。

ウクライナ語会話にロシア語の語彙や文法が混在する「スールジク」(混合言語。元は『小麦とライ麦の混ぜもの』の意味)も日常的に使われている。現実にウクライナ語とロシア語が日常生活で併用されるうちに、ウクライナ語にロシア語が混合し始めた。ウクライナ国民成人の10～20％がスールジクを話すそうだ。スールジクは「標準ウクライナ語」を推進する現在のウクライナ政府の立場からは「好ましくない言葉」ということになっている。

食料、石炭、鉄鉱石という3大戦略物資の産地

なぜウクライナは周辺国に狙われるのか。

①農業生産地帯

食糧は、エネルギー資源と並んで一国の存亡を決める「戦略物資」である。食糧がなくては軍隊は動かない。そもそも国民が飢えて死んでしまっては国家を維持できない。

ウクライナは「ヨーロッパのパン籠」と呼ばれる豊穣な食糧生産地だ。ロシア語で「チェルノゼム」と呼ぶ養分の豊富な黒土が分厚く蓄積している。「土の皇帝」なる異名を取る。ウクライナ国土の約6割がチェルノゼム、世界の黒土の約4割がウクライナ国にある。植物の遺骸からできる腐植層が、降水量の少ない「ステップ気候」のためにぶ厚く蓄積している。

「ステップ」(Steppe)とは丈の短い草、その草原のことだ。ステップ気候では年間平均降水量は250〜500ミリ程度。日本の年間平均降水量1718ミリに比べるとずっと少ない。日本でいう「秋晴れ」のような乾燥した天気が続く。雨が少ないので、養分の豊富な腐植層が流されずに積もっていく。小麦の栽培に肥料がいらない。

衛星写真で上空から見ると、満州・モンゴルから中央アジアを経てハンガリーまでつながるベルト状の「ユーラシア・ステップ」の西端にウクライナはある。古来「草原の道」「シルクロード」と呼ばれ、遊牧騎馬民族が活動してきた生態域(Eco-region)である。

2017年現在でも、ウクライナ国の農地面積約41万5000平方キロは日本全土の面積(約37万8000平方キロ)より広い。

主な農産物は①トウモロコシ②小麦③ジャガイモ④ヒマワリの種⑤砂糖大根（２０１８年、ＦＡＯ統計より）だ。

ウクライナ戦争ですっかり有名になった「上半分＝青・下半分＝黄色」のウクライナ国旗は、このステップ平原が育む黄金の小麦と、青い空のデザインである。

②石炭と製鉄の工業地帯＝ドンバス２州

ウクライナ国東部、親ロシア分離独立運動が起きている地域を「ドンバス２州」（ドネツク、ルハンスク州）と呼ぶのをニュースで見ることがあるだろう。

この「ドンバス」という言葉は「ドネツ炭田」を指すロシア語“Donets'kyi basein”の省略形である。だからドネツク、ルハンスク州を「ドンバス２州」と呼ぶと、自動的に「ドネツ炭田の中にある2州」という意味になる。

ウクライナ国内の文化差が東西でどれほど激しいかを説明するのにちょうどよいので、この「ドンバス」という地域を詳しく説明しよう。ウクライナ戦争でも、もっとも激しい戦闘地帯になっている。

１７２１年、ドネツ川で石炭が発見され、帝政ロシアによるドンバスの開発が始まる。ロシア帝国時代、その海軍バルチック艦隊と黒海艦隊の蒸気エンジンに燃料を供給したのはドンバス産の石炭である。

ウクライナの近代化・工業化は鉄道建設から始まった

ウクライナの穀物輸送を目的に、最初の鉄道が敷設されたのは１８６５年。これは日本（１８７２年。新橋〜横浜間）より7年早い。

１８７０年代には、ウクライナ主要都市間や穀物の積出港であるオデッサ（黒海に面する港湾都市）とモスクワを結んで鉄道網の建設が進んだ。

鉄道の建設には鉄、運行には石炭が必要だ（当時は蒸気機関車だから）。１７２１年に初めて石炭が発見されたのは前述の通りだ。１８８０年代にはすでに２５０の炭鉱があり、帝政ロシア末期には、全帝国の石炭生産量の87％はドンバスだった。

現在でも、ドンバスには「硬山」（ぼたやま＝炭鉱を掘ったあとの捨て石の山。英語でSlagheap）があちこちにある。ロシア語ではTerricon（テルリコン）という。日本でいえば、かつて石炭産業で栄え、今も硬山が残る福岡県飯塚市に風景が似ている。

産出する鉄鉱石と石炭を鉄道で結ぶと、次は冶金・製鉄産業が発達する。帝政ロシアは、産業革命の先進国イギリスから技術者を移住させ、多額のイギリス資本を導入することで工業化を急いだ。

例えば１７９５年、ロシアの女帝・エカテリーナ二世はスコットランド人の製鉄（大砲）会社経営者チャールズ・ガスコイン（イギリスで背任罪に問われてロシアに亡命）にルハンスク市の建設を依頼した。

工場は4年後に完成。当時の最新兵器としてイギリス海軍が採用していた艦載砲「カロネード砲」を生産した。ロシア海軍の戦艦にも艦載された。今もルハンスク市の中心部にはガスコインの胸像が立っている。

１８８０年代に製鉄業ブームが起きた。ウクライナ中央部のクルィヴィーイ・リーフの鉱山から産出する鉄鉱石を原料に、ドンバス地方は製鉄工業地帯になった。こうして、ウクライナ東南部から中央部は当時のロシア帝国最大の工業地帯に発展した。

石炭は19世紀〜20世紀前半（石油がエネルギー源になる前）の主要エネルギー源だ。鉄鉱石も、鉄道や兵器など、近代工業化の戦略資源である。

大国がウクライナを次々に狙ったのは、そうした食料・石炭・鉄鉱石という三大戦略物資を産出する「戦略的要衝」だったからだ。特に帝政ロシア・ソ連にとっては、中央部〜東南部ウクライナは、自国が開発した石炭と鉄鋼の工業地帯という経済の中心かつ戦略的要衝である。

ロシア軍は石炭・鉄鉱の工業地帯を占領

さて、ここで２０２２年2月に始まったウクライナ戦争での現在のロシア軍の支配地域を見て

図表1　第二次ウクライナ戦争でのロシア軍の展開（2023年8月2日）

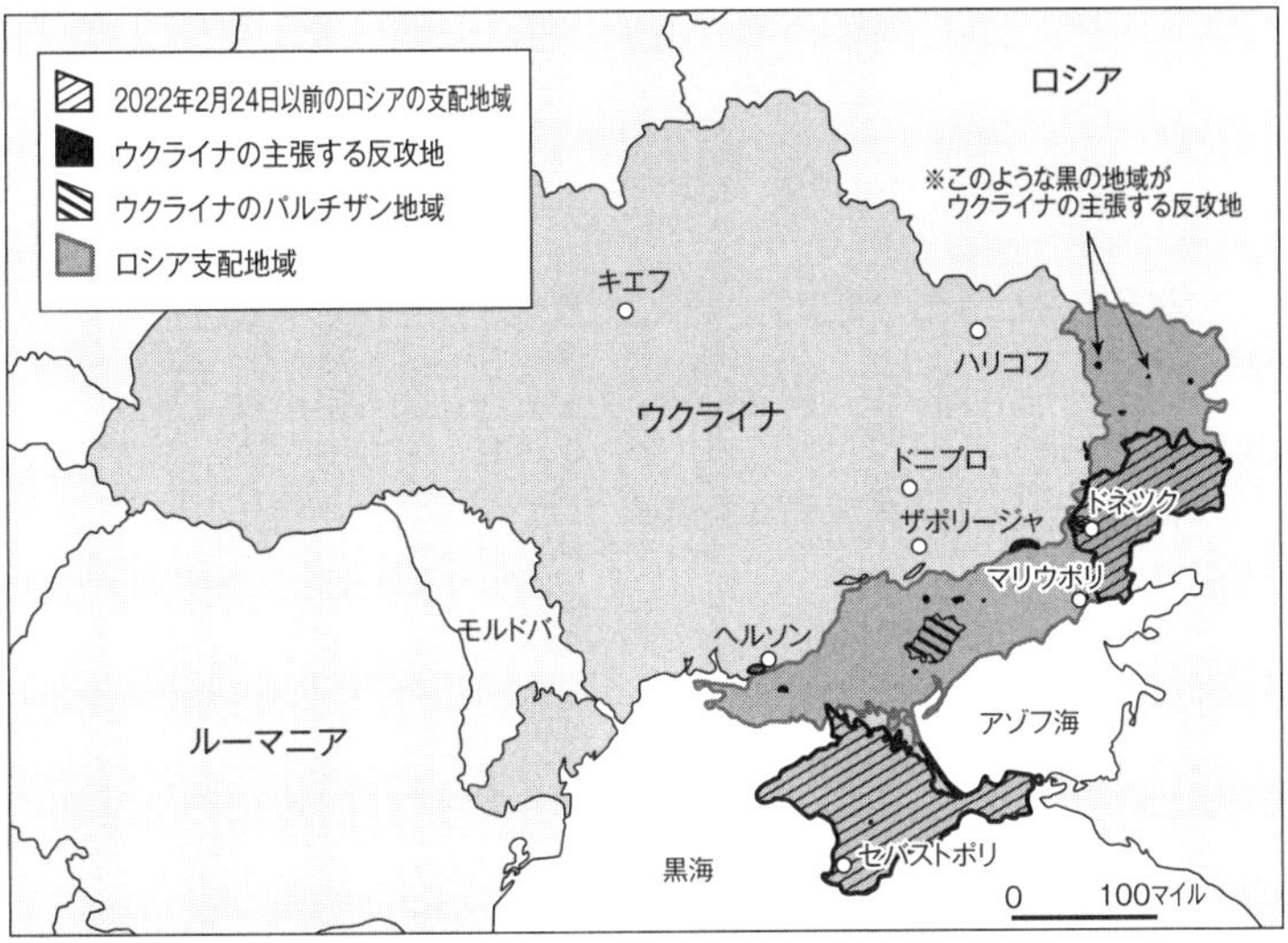

出所：2023 Institute for the Study of War

みよう（２０２３年８月２日現在。The institute for the Study of War, 'Ukraine Conflict Updates'）。

ロシア軍が攻撃し、支配を広げているのはここまで述べてきた東南部（ドンバス）〜中央部の工業地帯だということがわかる。（注：２０１４年に無血占領したクリミア半島は除く）

激しい市街戦のニュースが流れた港町マリウポリは、ドンバスで生産された工業製品をアゾフ海〜黒海へと積み出す重要な港だ。

同市で最後までウクライナ軍が立てこもって抵抗を続けたのは「アゾフスタリ製鉄工場」である。同市には、帝政時代にアメリカ資本で建設された「イリチ記念冶金コンビナート」という大製鉄所もあった。この２つでウクライナの粗鋼生産の約４割を占めていた。

ドンバス２州は、ウクライナ国の全人口の

約15％、ＧＤＰの16％、貿易輸出額の35％を占めている。石炭生産ではウクライナ全土の約４分の３。特に火力発電用の無煙炭はドンバスでしか産出できない。

２０１４年の「ウクライナ危機」でドンバス２州が親ロシア派の支配下に置かれ、キエフのウクライナ政府と内戦状態になって以降、ウクライナ国はこの重要な工業地帯を失った。そしてエネルギー自給の要衝をも失った。

第二次ウクライナ戦争の戦域はほとんどがこの東南部に限定されていることが前掲図表１でわかる。首都キエフやリビウを中心とする西部はほとんど戦火が及んでいない。アゾフ海北回廊を除けば、２０１４年の戦域に戻ってしまったとも言える。

ずっとロシア支配地だったウクライナ国東部

ウクライナ国内の文化的多様性の話に戻す。

ドンバス２州に代表されるウクライナ国東部（大ざっぱにドニエプル川以東を指す）は、帝政ロシア→ソ連時代とずっとロシアの支配する地域だった。

つまり「ずっとロシアだったのが、ソ連が崩壊して、ウクライナ国という別の国に切り離された」という歴史を持っている。

ポーランドその他「非ロシア国」による支配が続いた首都キエフを中心とするドニエプル川以

図表2　ロシア語話者の割合

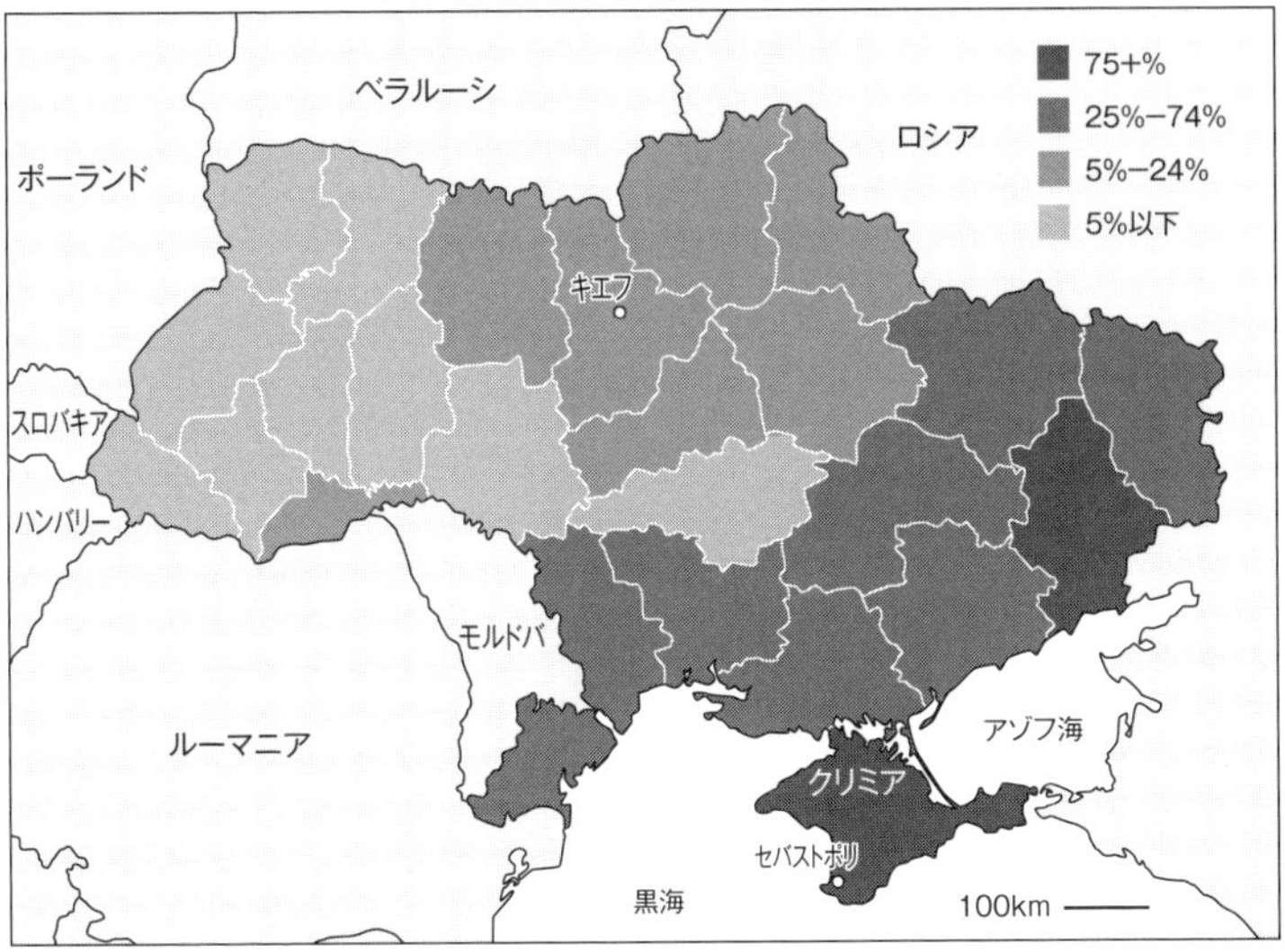

出所：CNN "A divided Ukraine" Mar 3, 2014.

西とは歴史がまったく違う。

雑駁に言えば、ウクライナ国内に東西2つの国があるようなものだ。

上図は「ウクライナ国内のロシア語話者の割合」チャートだ。

右下のアゾフ海北岸の濃色のエリアがドネツク州。その右隣ロシア国境の接するのがルハンスク州である。いずれもロシア語話者が圧倒的に多い。

ここで注意してほしいのは「ロシア語話者」と「ロシア民族」はイコールではないという事実だ。ロシア革命内戦・大飢饉・第二次世界大戦などによる大幅な人口減少を補うために、ドンバスの工業地帯にはウクライナ・ロシア人だけではなく、ギリシャ人、タタール人、アルメニア人、ユダヤ人など多様な労働者が集められた。その多民族間の共通言語になったのがロシア語だった。だから構成民族は多種で、ロシア語を話す人イコールロシア民族ではない。

さらにソ連時代には、工業化とソ連化の推進のために、ロシアから住民が多数移住した。ソ連時代末期の1991年、全ソ連のなかでウクライナはGDP（国内総生産）の14・5％、鉄工業生産16・7％、農業生産20・7％と、どれもロシアに次ぐ2番目の地位を占めていた。この中心がドンバスであることは言を待たない。ドンバスにロシア移民の子孫が多いのはそのためだ。

ソ連時代は国家元首を輩出したドンバス

ドンバス2州は、帝政ロシア→ソ連と、一貫して国の工業化と経済発展の牽引役だった。地元住民はそういう「工業労働者」としての誇りを持っている。

また工場が多く労働者が集中して住むことから、ソ連の労働運動の中心でもあった。政治的な地位が高い。

ソ連時代は国家元首やクレムリン高官をドンバス出身者が長らく占めた。

ニキータ・フルシチョフ――ウクライナ・ドネツク市で育ったロシア人。1953～64年ソ連共産党第一書記。スターリン批判やキューバ危機で有名。

レオニード・ブレジネフ――東南部ドニプロペトロウシク州出身のウクライナ人。1964～

82年ソ連書記長。

ソ連が崩壊する時も、ドネツク炭鉱労働者のゼネストが重要な役割を果たしている。ソ連崩壊後、ウクライナが独立し、共産主義を捨てた後も、１９９８年議会選挙までドンバスはウクライナ共産党（野党）の大票田だった。

ウクライナ国の3代目大統領ヴィクトル・ヤヌコビッチ（２０１０～14年）はドネツク州エナキエヴェ市の出身。大統領になる前は同州知事だった。親ロシア政策をとり、ＥＵへの加盟手続きを停止したことが「マイダン革命」につながり、失脚・亡命する。

ウクライナ研究者の藤森信吉は、ドンバスの地域性について次のように述べている。

ドンバスの住民は、民族や国家を上回る強い地域への帰属意識を持っている。強烈な地域意識は、首都に対する対抗意識にも向けられており、首都キエフを中心に展開されたオレンジ革命やマイダン革命に対する住民の反感は強い。国政レベルでは、ロシア語の公用語化もしくは国家語化、関税同盟（ロシア・ベラルーシ・カザフスタン）への参加、ＮＡＴＯへの加盟反対といった政策に強く賛成していた。

（藤森信吉「ドンバス地域」「ウクライナを知るための65章」〈明石書店〉）

ウクライナ育ちのロシア人作家「ドンバスは異質」

例として、ウクライナ人作家アンドレイ・クルコフ（1961〜）が第一次ウクライナ戦争（2014年）の前後に書いた文章を引用しよう。

クルコフは、ソ連時代、サンクトペテルブルグで生まれたロシア人だ。3歳の時に家族とともにキエフ市に移住。ウクライナで育ち、キエフ外国語大学を卒業した。

ずっとロシア語で小説を書いて発表している。1996年に発表した小説「ペンギンの憂鬱」が25ヶ国語に翻訳され、世界的に有名になった。ウクライナ独立を支持している。

引用する「ウクライナ日記」（ホーム社）が書かれたのは2013年秋から2014年春までの約半年。2013年11月21日、ヤヌコビッチ・ウクライナ大統領がEUとの連合協定調印の延期を発表し、世論が西欧派と親露派に二分して沸騰した前後である。

キエフ中心部のマンション4階にあるクルコフの自宅から500メートルの「マイダン」（ウクライナ語で『広場』）＝独立広場（Maidan Nezalezhnosti）では、抗議集会が連日開かれ、広場は占拠状態。西欧派市民と治安部隊、親露派市民の間で衝突と騒乱が続いていた。

私だって「ルースキー」（ロシア人の）つまり民族的にはロシア人だ。そしてウクライナ国民だ。だが私は「ロシースキー」（ロシア国の）ではない。なぜならロシアという国には私は

何のかかわりもないからだ。ロシアの政治と政策と私の間に接点はない。私はロシアの市民権も持っていないし、持ちたくもない。（２０１４年１月９日）

次は2014年1月24日の記述。クルコフが住む首都キエフと、ドンバス2州の違いについて書いている。

現政権に異論がないウクライナも存在するということも忘れてはいけない。どの程度の異論のなさなのかを理解するのは難しい。ドンバスはウクライナの他の地域とはかなり異なっている。

ドンバスの人間関係には昔からきっちりとしたヒエラルキーがあったし、政権に抗議をする者はいなかった。ドンバスには、工場や鉱山で働き、我々こそがウクライナ全土を養っているのだと自負する人が何百万人と住んでいる。彼らは、君たちこそが一番正しいタイプのウクライナ人だ、と叩き込まれてきた。彼らはそうだと信じ込んでいる。

彼らは権力を『偉いもの』とみなし、自分の仕事に励み、政治には首を突っ込まない。だからだろう、ドンバスでは自発的な政治的意志表示、示威行動はほとんど起きたことがない。ドンバスに住む人々はロシアのテレビ局の、ロシア発のニュースを見ている。彼らはロシア語を話し、西ウクライナに住んでいる人びと全員を民族主義者、ファシストとみなしている。

２０１０年までは、彼らの多くがロシアとプーチンが大好きだった。ヴィクトル・ヤヌコヴィッチを大統領に選んだのは彼らだ。なぜなら、ヤヌコヴィッチは彼らのうちの一人だから。

なぜなら、ヤヌコヴィッチの少年時代は辛いことが多かったから。なぜなら、ヤヌコヴィッチはドネツク州の知事になり、州をがっちり押さえていたから。ドンバスの人々にとって、ヤヌコヴィッチはスターリンを連想させる何かがあった。いや、正確には、スターリンの神話的な性格、「厳しいが公平だ」を想起させるなにかが。

（段落は烏賀陽が分けた）

キエフにいるクルコフの筆では、ドンバスは同じウクライナ国内の話とは思えない。言語が違う。政府や権威、ソ連時代に対する態度が違う。言論の自由についての考え方も態度も違う。見ているマスメディアまで違う。日本人の感覚では「外国」の話をしているようにさえ聞こえる。クルコフも民族的には「ロシア人」である。しかし彼はロシア共和国にも、ロシアに親しみを持つドンバスにもまったく共感を持てない。

第一次ウクライナ戦争に突入

この記述の1ヶ月後、2014年2月18日から20日にかけての3日間、キエフ中心部で市民と治安部隊が衝突して100人を超える死者が出た。ヤヌコビッチ大統領は国外に亡命。その無政府状態の間隙を突いて、同年3月にはクリミア半島がウクライナから独立とロシアへの編入を宣言。続いてドンバス2州がキエフの政権からの離脱を宣言して内戦状態になった。

2022年2月にロシア軍事侵攻で始まるウクライナ戦争の前奏曲となる「ウクライナ危機」である。本書では「第一次ウクライナ戦争」と呼ぶ。

第二次ウクライナ戦争が始まった後の2022年3月16日、朝日新聞にクルコフの寄稿が掲載された。

「ロシアの侵略は、私に二重の苦痛をもたらしている。第一に、ロシアが私の国、ウクライナを侵略しているからだ。第二に、私はロシアで生まれ、民族的にもロシア系だ。母はレニングラード州の出身で、父の先祖は（ロシアのドン川流域に勢力を持っていた）ドン・コサックだ。私の母語はロシア語で、これまでの小説は全てロシア語で書いてきたし、それで問題は無かった。私の本はウクライナでもロシア語で出版され、ウクライナ語にも翻訳されている」

「ウクライナでは、人前で話すときはロシア語の場合もあればウクライナ語の場合もある。でも、認めなくてはならない。ドンバス地方での紛争が始まってから、街頭でロシア語を話すのが恥ずかしくなった。キエフでは人々は主にロシア語で話しているにもかかわらず」

「今もやはり恥ずかしい。しかしロシア語を話すことが恥ずかしいのではない。ロシアという国が恥ずかしいのだ。かつては文明的で文化的な国だったのに。いま、ロシアはウクライナ語話者のウクライナ市民のみならず、ロシア語話者で民族的にロシア系の人々までをも殺害している。この苦痛がいつの日か消えてほしいと思う」

「ただ、私はもうロシアの文化や歴史にも興味はもてない。ロシアには二度と行かないし、本も出版しない。とはいえ、ロシアは既に08年に私の本の出版を止めている。14年にはロシア語で書かれた私の本をウクライナから輸入することも禁止した」

（「降伏とはロシアの人々になること」２０２２年3月16日朝日新聞ウエブ版）

石炭・鉄鋼産業は統制型経済を好む

ウクライナ国内の東西を違えているのは「地域」「歴史」という地政学的な要因だけではない。経済的な要因も大きい。

クルコフは新聞記者～編集者～小説家という知識労働者であり、都市住民だ。欧米的な自由主義経済が導入され、ＥＵとの経済統合に参加し、所得が上がり生活が向上するのは、ＩＴや金融など第三次産業に従事する知識労働者たちである。

一方、ドンバスは工場労働者の多く住む地域だ。現在のドンバス産の石炭や鉄鋼は、生産施設が老朽化し、国際的な競争力がない。石炭は政府からの補助金、鉄鋼はロシアから供給される（国際市場に比較して）安い天然ガスが事実上の補助金として機能し、かろうじて生きながらえている。「補助金行政」のように、市場に政府が介入するソ連型の統制経済がその利益になる。

つまりウクライナ国東西の産業構造の違いが、地元民の経済的利害の違いを産んでいる。欧米型「小さな政府」を望むのか、旧ソ連型「大きな政府」を望むのかも、正反対になる。

ウクライナ語はロシア語よりポーランド語やスロバキア語に近い

先ほどから「ウクライナ語」「ロシア語」というウクライナ国内で使われている2大言語の話が出ている。なぜ両者を話す住民が相容れないのかも説明しておこう。

キリル・アルファベットを文字に使う点では、確かにロシア語とウクライナ語は表面上似ている。同じスラブ語でも、ポーランド語はラテン・アルファベット（基本的に英語と同じ）を使う。

では、ウクライナ語を他のスラブ語と比較してみよう。音声・文法や語彙を比較してみると、興味深い結果が出る。（「ウクライナを知るための65章」〈明石書店〉）

〈音声・文法の共通点〉

①ベラルーシ語（29）

②チェコ語・スロバキア語（23）

③ポーランド語（22）

④クロアチア語・ブルガリア語（21）

⑤セルビア語・マケドニア語（20）

⑥スロベニア語（18）

⑦ロシア語（11）

〈語彙の共通率〉
①ベラルーシ語（84％）
②ポーランド語（70％）
③スロバキア語（68％）
④ロシア語（62％）

つまり、ウクライナ語はロシア語よりも、ポーランド語やスロバキア語との共通点が多い。北隣のベラルーシとの共通点が一番多いのを除けば、西隣のポーランド、スロバキアに言語が似ているということになる。

ロシア語は同じスラブ語の中ではむしろ「似ていない方」に入る。ウクライナは「北方」のロシアより、ポーランド・スロバキアという「西方」に文化的に連続していることがわかる。現在でもウクライナ語話者は、音声ならポーランド語を理解できるそうだ。

ポーランドはウクライナやロシアと同じスラブ民族である。違いは宗教である。ポーランドはカソリック。ウクライナ・ロシアは東方教会（スラブ正教）だ。

16世紀のウクライナでは、文書用語や実務用語はポーランド語だった。18世紀末、ウクライナ西部では耕地の43％はポーランド人の所有。大土地所有者の9割を占めていたほか、行政・司法・軍などの要職はポーランド人だった。

1830年ごろまでキエフの教育機関ではポーランド語が使われ、キエフ大学の学生の大半はポーランド人。つまり、キエフをはじめ西ウクライナでは、知識階級や権力機構など、社会上層部に入ろうとするならポーランド語話者でなければ無理、という時代が長く続いた。

ドンバスなどウクライナ東部がロシア（東方）に親和性が高いのに対して、西部がポーランドなど「西方」に親和性が高いのは、こうした歴史的背景がある。

かくも言語、人種が多様なウクライナで「ウクライナ人」というアイデンティティを形成する大きな要素をあえて探すなら「ロシアの加害による被害の歴史認識を共有しているかどうか」ではないかと筆者は考える（被害の内容は次章で詳説）。

こうした「被害者としての自分たち」をひとつの集団と考える思考を、ホロコーストや原爆投下などを研究した韓国・西江大学の林志弦《イム・ジヒョン》教授は"Victimhood Nationalism"と呼んでいる。（「犠牲者意識ナショナリズム　国境を超える記憶の戦争」〈東洋経済新報社〉日本語訳本は「犠牲者意識ナショナリズム」としているが"Victimhood"という言葉は「罪がないにもかかわらず、暴力の犠牲になること」が原義に近いので、鳥賀陽は「被害者意識」と訳するのが正しいと考える。

これをウクライナに当てはめると、ロシア語話者であろうとウクライナ語話者であろうと、民族的にウクライナ系であろうとロシア系、ユダヤ系、タタール系であろうと「ロシアによる暴力の被害者」として自分を意識する者は「ウクライナ人」となる。これは現実にかなり近いのではないか。

第二章

あまりに過酷な第一次・第二次大戦時のウクライナ

ウクライナとロシア・ポーランドの間で歴史論争が続くOUN指導者ステパン・バンデラ（1934年。Wikipedia Commonsより）

4

ソ連統治下で死者３００万人の大飢饉

本章では20世紀に入ってからのウクライナの歴史を述べる。まずは20世紀前半、第一次世界大戦とロシア革命から始めよう。

20世紀になってからのウクライナ史では、陰惨な出来事が連続して起きる。第一次世界大戦が始まった１９１４年から、第二次世界大戦が終わる１９４５年の31年間のウクライナは、数百万単位で人が死ぬ戦争、殺戮、破壊、飢餓の連続である。悲惨としか言いようがない。

第一次世界大戦（１９１４～１９１８年）は人類史上初めての世界大戦、しかも国力をすべて動員する「総力戦」（total war）だった。過大な戦争の負担に持ちこたえられず、老朽化したロシア、オスマン・トルコ、オーストリア・ハンガリー帝国が瓦解した。

3帝国はいずれもウクライナを取り囲んで侵入と支配を繰り返してきた。それがすべて一挙に瓦解した。ウクライナ周辺の国際勢力図に、１２００年の歴史で起きたことのない大変動と流動化をもたらした。

なお、この時期の「ウクライナ」という空間に地元民族の「国」はないことに注意してほしい。現在の「ウクライナ」にあたる空間は、ロシア帝国、オーストリア・ハンガリー帝国、オスマン・トルコ帝国が分割して統治していた。その3帝国がすべて瓦解した。ウクライナ空間は「パワー・バキューム」（力の空白地帯）になった。その間隙を突いて、地元民族が自分の国を作ろうとしたのである。時系列で整理しておく。

①ロシア帝国、オスマン・トルコ帝国、オーストリア・ハンガリー帝国という、ウクライナの領土を占領していた周辺の帝国がすべて瓦解。

②19世紀の間100年、3帝国の統治下でまがりなりにも安定していたウクライナ周辺の国際秩序が一気に流動化した。

③支配者が空白になった間隙を突いて、ウクライナ初めての独立主権国ができた。

④ロシア帝国が倒れ、共産主義勢力（ボルシェビキ）がソビエト連邦を樹立した。ボルシェビキはウクライナの独立を許さなかった。内戦になった。

停戦のためボルシェビキ政権はウクライナをドイツに譲る

ロシア革命で成立したボルシェビキ（共産主義派）政府は、第一次世界大戦からの離脱を試みる。同盟国の英仏より一足早く、ドイツとの単独講和に踏み切った。その時ウクライナは「取引材料」としてドイツに引き渡された。

〈第一次世界大戦末期のロシア帝国〜ロシア革命まで〉

戦争で疲弊し、食糧が窮乏した帝政ロシアで暴動やストライキが相次ぐ。

←

1917年3月：第一次世界大戦終結の前年「第一次ロシア革命」勃発。

←

非共産主義の臨時政府発足。ニコライ2世退位。後継者不在。1613年から300年続いたロマノフ王朝の終焉。1721年に始まったロシア帝国が崩壊。

←

しかし臨時政府は第一次世界大戦を継続したので国民の不満続く。

←

1917年11月：レーニン率いる、プロレタリアート独裁を掲げる共産主義派「ボルシェビキ」が政権を奪取。ボルシェビキは翌年「ロシア共産党」に名称変更（1952年に「ソビエト連邦共産党」になる）。

←

1918年3月：政治経済の混乱のために戦争を続けることができなくなったボルシェビキ政権は第一次世界大戦からの離脱を決める。「いち抜けた」と一国でドイツとの講和に踏み切る。ドイツと「ブレスト・リトウスク条約」締結。

図表3　1918年のブレスト・リトウスク条約でウクライナの大半はロシアからドイツに割譲

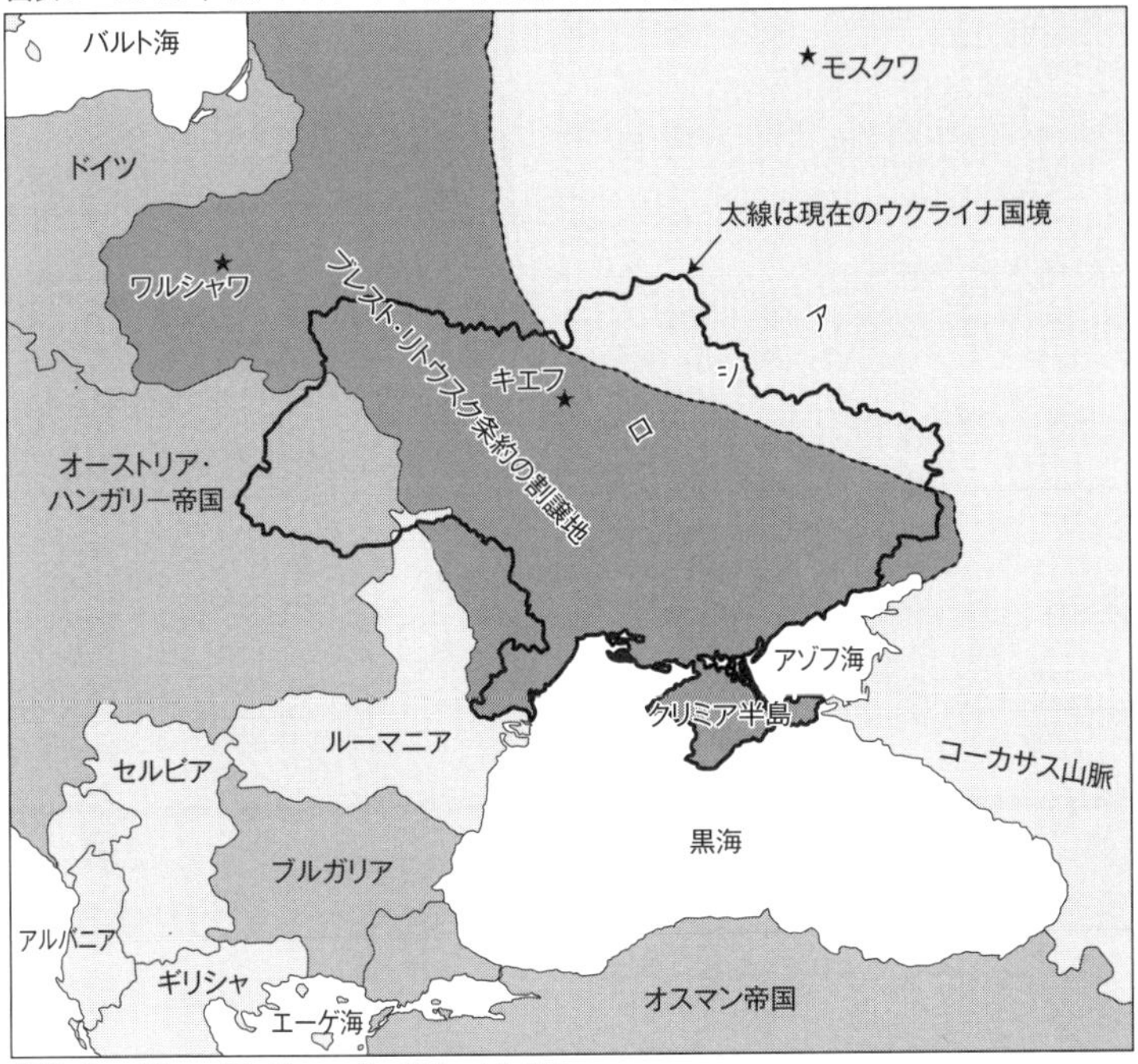

出所：Gene Thorp, "Washington Post," March 9, 2015.

ブレスト・リトウスク＝Brest-Litovskは当時のウクライナにあった都市の名前だ（現在ベラルーシの都市『ブレスト』）。ウクライナにとって何が重要かというと、この条約で、ボルシェビキ政府がウクライナの大半を放棄してドイツに譲り渡したことだ。

上の地図でわかるように、クリミア半島、ドンバスなど現在のウクライナの東端・南端までが含まれる。つまりウクライナはロシア（ボルシェビキ政府）がドイツとの戦争をやめるための「人身御供」に差し出されたことになる。

ウクライナ独立国が初めて国際的に承認

ややこしくて恐縮なのだが、ウクライナ史にとってはきわめて重要な部分なのでもう少し詳しく説明する。ものすごく動きが急なのだ。

「ロシア革命＝支配国・ロシア帝国の崩壊」というチャンスを捉えて、ウクライナは独立を宣言、ごく短期間だが国際的な承認も得て、はじめて「ウクライナ人の国」を持った。「ウクライナ国民共和国」という。

〈１９１７年〉

11月3日：モスクワでボルシェビキ（ロシア共産党）がソビエト政権樹立を宣言。

11月10日：ウクライナ・キエフでボルシェビキ派と臨時政府派の軍事衝突が始まる。

11月20日：ウクライナ地元勢力の連合組織「中央ラーダ」は、まずボルシェビキ派と組んで臨時革命派を追い出す。ウクライナはロシア内の自治（独立ではない）を宣言。（注：ラーダは「評議会」を意味するウクライナ語。ロシア語の「ソビエト」と同義）

11月22日：「中央ラーダ」が「ウクライナ国民共和国」樹立を宣言。英仏が承認。ウクライナ人国家が世界で初めて主権国家として承認された。

ウクライナはボルシェビキの暴力による政権奪取を認めず非難。事実上のウクライナ独立宣言。ウクライナ政府はボルシェビキ派を追い出す。
12月15日：モスクワのボルシェビキ政府とドイツ・オーストリア・トルコの休戦成立。
12月25日：ボルシェビキ政府・赤軍が占拠していたハリコフ（現在ウクライナ第二の都市）に傀儡政権「ウクライナ・ソビエト共和国」樹立。
前後して、ロシア側から遠征軍がウクライナに侵攻。約4年続く「ソビエト・ウクライナ戦争」（内戦）の始まり。（注：ウクライナが独立しようとすると、モスクワが親露・親モスクワ的な傀儡政権を作って分裂を誘い、そのあと軍事侵攻する点は、２０１４年に始まる第一次・第二次ウクライナ戦争とそっくりである）

ロシアがウクライナをドイツに割譲

〈１９１８年〉
1月：ボルシェビキ軍がキエフを総攻撃。
1月9日：ウクライナの中央ラーダ政府、ロシアからの独立を宣言。
1月26～27日：ラーダ政府、キエフから西１３０キロのジトーミルへ撤退。
ボルシェビキとは別の代表団をブレスト・リトウスクに送り、ドイツ帝国・オーストリア・ハンガリー帝国と単独講和条約を締結。ドイツは戦争継続のためにウクライナの食糧を求めた。食糧100万トンと引き換えの停戦。「パンの講和」と呼ばれる。

2月16〜26日：ウクライナ軍はドイツ軍・オーストリア軍45万人と同盟してキエフを奪回。ボルシェビキ軍撤退。ソビエト派ウクライナ政府は4月に解散。ボルシェビキにすれば、ウクライナは講和まで敵だったドイツ・オーストリアと手を組んだことになる。

3月3日：今度はボルシェビキ政府がドイツ・オーストリアとブレスト・リトウスクで講和条約調印。ウクライナをドイツに割譲する。

第一次世界大戦の講和条約「ブレスト・リトウスク条約」には、2ヶ月差で「ウクライナ政府が当事者」「ボルシェビキ政府が当事者」と2つのバージョンがある。

この「ロシア版ブレスト・リトウスク条約」で、ロシアはウクライナをドイツに割譲した。ロシアに代わってドイツがウクライナの支配者になった。

ボルシェビキは4ヶ月前のウクライナの独立宣言を無視、自国領土としてドイツに差し出した。ボルシェビキを追い払うためにドイツと同盟したら、そのボルシェビキとドイツが組んだ。そして支配者になった。ウクライナにすればロシアにもドイツにも裏切られたことになる。

ドイツとウクライナは対立した。ドイツは強制的に中央ラーダを解散させた。帝政ロシア時代のロシア貴族・地主スコロパッツキー将軍を元首に据えた「ウクライナ国」に改編。農民に分配した土地を再び地主に戻し、帝政時代へ逆行した。

ウクライナは新たな支配者ドイツへの抵抗戦を始めた。ドイツ軍総司令官アイヒホルン元帥を

ご購読ありがとうございました。今後の出版企画の参考に致したいと存じますので、ぜひご意見をお聞かせください。

書籍名

お買い求めの動機

1　書店で見て　2　新聞広告（紙名　　　　　　　　）

3　書評・新刊紹介（掲載紙名　　　　　　　　）

4　知人・同僚のすすめ　5　上司、先生のすすめ　6　その他

本書の装幀（カバー），デザインなどに関するご感想

1　洒落ていた　2　めだっていた　3　タイトルがよい

4　まあまあ　5　よくない　6　その他(　　　　　　　　)

本書の定価についてご意見をお聞かせください

1　高い　2　安い　3　手ごろ　4　その他(　　　　　　　　)

本書についてご意見をお聞かせください

どんな出版をご希望ですか（著者、テーマなど）

郵便はがき

料金受取人払郵便

牛込局承認

9026

差出有効期間
2025年8月
19日まで
切手はいりません

162-8790

東京都新宿区矢来町114番地
神楽坂高橋ビル5F

株式会社ビジネス社

愛読者係 行

ご住所 〒 TEL:　（　　）　FAX:　（　　）		
フリガナ お名前	年齢	性別 男・女
ご職業	メールアドレスまたはFAX メールまたはFAXによる新刊案内をご希望の方は、ご記入下さい。	
お買い上げ日・書店名 年　月　日	市区 町村	書店

暗殺。
11月11日：ドイツ帝国、オーストリア・ハンガリー帝国が降伏。第一次世界大戦が終結。ブレスト・リトウスク条約は8ヶ月しか持たなかった。ドイツのウクライナ占領は8ヶ月で終わり、ドイツがウクライナから去った。「ウクライナ国民共和国」復活。
12月20日：ドイツが去ったウクライナに、今度は赤軍（ボルシェビキ政府軍）が侵攻。第二次ソビエト・ウクライナ戦争始まる。

ウクライナ政府、西ウクライナを切り捨てポーランドと同盟

一方、リビウを中心とするウクライナ西部に話を移す。ドイツの敗戦とロシア、オーストリア・ハンガリー帝国の消滅で、123年間他国の支配下にあったポーランドが復活した。復活ポーランドはさっそく、オーストリア・ハンガリー帝国の領土だったウクライナ西部（中心はリビウ）に侵攻。それに抵抗する地元勢との間でポーランド・ウクライナ戦争が始まった。
ポーランドにすれば1795年に国が分割解体されて失ったウクライナ西部を123年ぶりに「失地回復」したことになる。

〈1918年〉
10月：オーストリア・ハンガリー帝国統治下のウクライナ西部（ハーリチナ）でオーストリア

軍崩壊。

ウクライナ武装勢力がリビウ市庁舎を占拠。「西ウクライナ国民共和国」樹立を宣言。ややこしいが、これはキエフを中心とする「ウクライナ国民共和国」とは別の政府。リビウでポーランド系住民とウクライナ系住民が武力衝突。

11月1日：第一次世界大戦終結の10日前、ポーランド軍、リビウに侵攻。

12月：ロシア革命を妨害するための干渉戦争としてフランス軍6万人がオデッサに上陸。ウクライナ南西部を占領。フランスは「ひとつのロシア」を支持してウクライナ独立には加勢せず。翌年4月撤退。後はボルシェビキが引き継いだ。

この1918年に始まる対ソ連干渉戦争には英仏、遅れて日本と米国も参加した。ボルシェビキ革命を妨害するための軍事介入である。英仏合わせても約7万5000〜8万5000の兵力がロシアに侵攻した。しかし赤軍の優勢と干渉軍兵士の厭戦のため、1920年1月には撤退。

この反革命干渉戦争を日本側では「シベリア出兵」と呼ぶ。ウラジオストックから上陸し干渉軍最大の7万3000人をバイカル湖周辺まで送り込んだ。英仏米の撤退後も、単独で1922年10月までウラジオストックを占領し続けた。

〈1919年〉

1月：西ウクライナ国民共和国、リビウを撤退。100キロ南東のイヴァノ・フランキフスクに移転。

1月18日：同共和国政府はパリ講和会議に代表団を送る。英仏に西ウクライナ国民共和国の承認を求めた。

ポーランドは「ウクライナ民族とはドイツの発明」「ボルシェビキ政権と同類」と宣伝して妨害。英仏はドイツを抑えるためにポーランドに味方。西ウクライナ共和国は孤立。

7月：「西ウクライナ共和国政府」がキエフを中心とする「ウクライナ国民共和国」に逃亡。西ウクライナ共和国は8ヶ月で消滅。

〈1920年〉

4月：ポーランドに亡命していたウクライナ国民共和国政権が、反ボルシェビキでポーランドと秘密協定を締結。

上記の西ウクライナをポーランドに割譲することを条件に同盟。これはキエフ政府が同盟のために、リビウ政府の領土を「持って行っていいです」とポーランドに差し出したことになる。

ポーランド軍とウクライナ国民共和国軍が合同でウクライナに侵攻。ボルシェビキ軍と戦闘。

5月：ポーランド政府、ウクライナ国民共和国政府を見捨てる。ボルシェビキ政権と和平条約（リガ条約）締結。かつての支配者ポーランド庇護下なのだから、ウクライナ国民共和国政府は地元では支持されなかった。

ウクライナ国民共和国は消滅した。指導者ペトリューラは西欧に亡命。1926年にボルシェビキによりパリで暗殺。ウクライナ独立運動の終焉。

図表4　1922年のソ連成立時の国境線

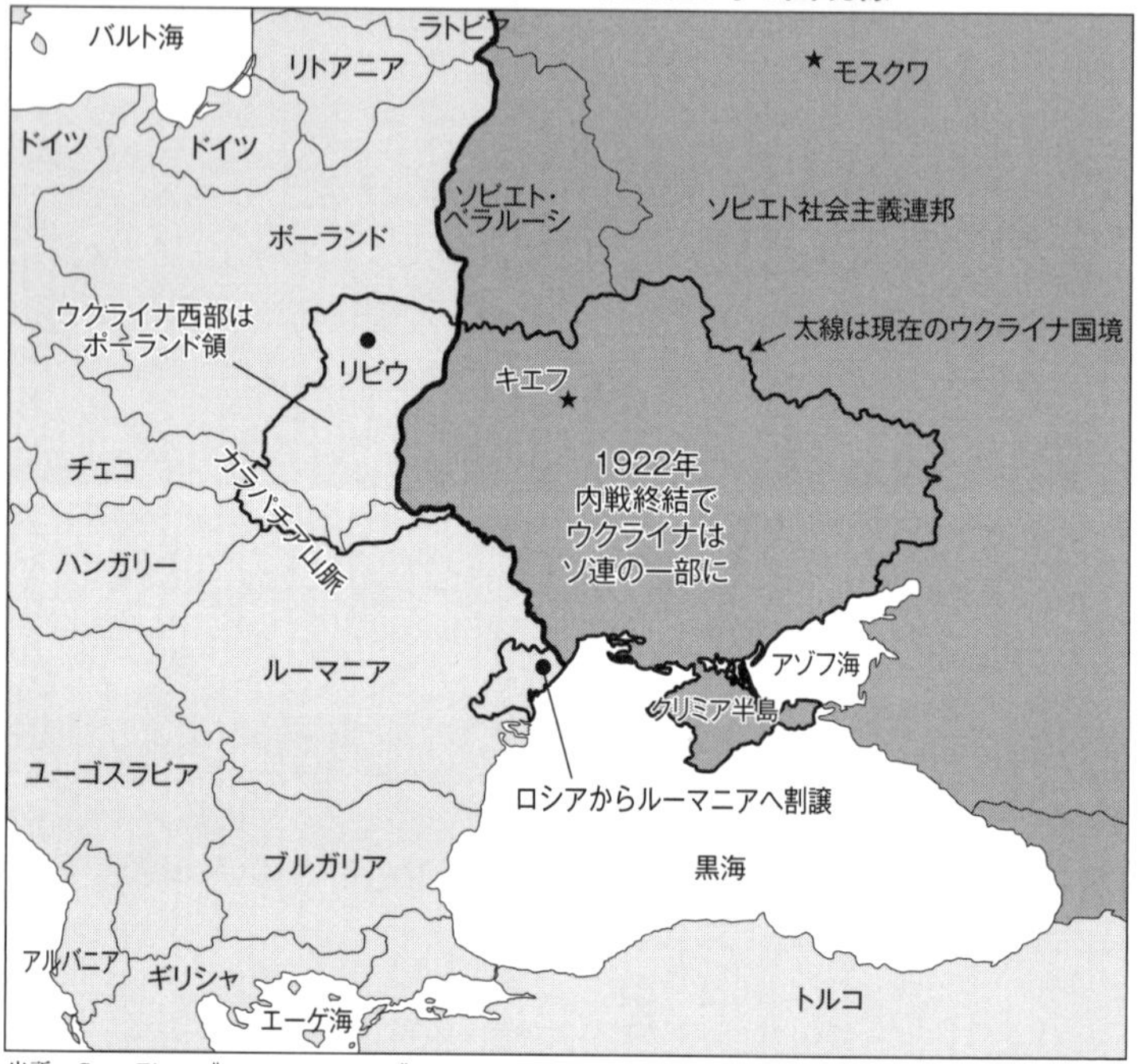

出所：Gene Thorp, "Washington Post," March 9, 2015.

〈１９２１年〉

同年末までに、ボルシェビキがウクライナを制圧。国民共和国政府や反ボルシェビキ諸派のパルチザン活動はすべてボルシェビキに鎮圧される。

〈１９２２年〉

12月30日：ロシア内戦終結。ロシア、ウクライナ、ベラルーシ、ザカフカースを統合しソビエト連邦が成立。ウクライナは「ウクライナ・ソビエト共和国」としてソ連の構成国に。建前では独立国だがモスクワの中央集権統制下にあり自治は次第に狭まった。

図表4は、ウクライナがソ連の一部として組み入れられた時点で

の領土を示す。現在のウクライナと比較すると、西部がポーランド、チェコスロバキア、ルーマニアなどに分割されている。

誰もウクライナ独立に味方しなかった

実にややこしい。敵が味方になり、味方が敵になる。裏切り・寝返りの連続である。ウクライナ国民共和国は何とか独立を達成しようと、ロシア（ボルシェビキ政府）の敵対国と次々に組んでは抵抗を続けるのだが、ことごとく裏切られる。

第一次世界大戦中はドイツ・オーストリア。両国が負けた後はポーランド。

ひとつ言えること。ロシア革命というソ連の建国期の１９１８〜１９２２年、ウクライナとロシアは一貫して戦争し続けている。

この運動を「ウクライナ独立」「ウクライナ民族主義」と見るか「反共産主義」と見るのか「反ロシア」と見るかは、判断が難しい。ウクライナ国民共和国中枢そのものが、そうした勢力の寄り合い所帯だからである。

反対にモスクワ（ボルシェビキ政権）の視点からすれば、ウクライナは常にロシアの統治を拒否して抵抗し続けた、ということだ。

もうひとつ言えること。ドイツもポーランドも、ウクライナ（キエフ、リビウ）の独立政府を自国のために短期間利用するだけで、すぐに見捨てた。ウクライナ独立を助ける外国はいない。自分たちの故郷で、外国軍が入り乱れて戦争を繰り広げる。それも独立を妨げる敵ばかり、入れ代わり立ち代わりやって来る。味方がいない。地元民にすればいいことがひとつもない。せっかく自民族の独立国を持ったと思ったら、北からはボルシェビキ軍（赤軍）、西からは復活したばかりのポーランドが攻め込んできた。

加えて、帝政ロシア復活を目指すデニキン将軍率いる反革命軍（白軍）、アナーキスト軍（黒軍）、農民反乱・パルチザンなどが入り乱れ、ウクライナは複雑極まる内戦状態になった。

細かな合従連衡は煩雑なので省略する。ウクライナ地元民族の視点でいうなら、こうだ。

「自分以外は全部敵」

「誰もウクライナ独立の味方をしてくれなかった」

ウクライナ独立勢力もポーランドも白軍も、反ボルシェビキでは共通していたのに、お互いを嫌い合って連携に失敗し、各個撃破された。最後に勝ったのはボルシェビキだった。

こんな大混乱である。キエフを中心にするウクライナ国民共和国にせよ、リビウを中心とする西ウクライナ国民共和国にせよ、独立を宣言したものの、行政・司法など政府機構を備えた統治空間をほとんど持てないまま終わった。

ボルシェビキ政府やポーランド、ドイツなどに追い回され、移動を繰り返したからだ。「国家」としての実体を持つことができないまま、独立運動組織がウクライナ独立国を名乗るという状態が続いた。

100年前のロシア・ウクライナ戦争

今2023年のウクライナ戦争を眼前にする日本人は、次のようなことが学べる。

①ロシア帝国がソ連に替わっても、ロシアはウクライナが主権国家を持つこと=独立を認めようとしなかった。

②ウクライナの独立を阻止するためにボルシェビキ軍がウクライナに侵攻した。抵抗するウクライナと4年間戦争になった。

これは2022年に始まる第二次ウクライナ戦争とまったく同じだ。「ウクライナが独立しようとする」→「ロシアが武力で押さえにかかる」→「戦争になる」100年前から続くロシア・ウクライナの紛争パターンである。こんな戦争の後なので、ソビエト連邦の一部になってもロシアとウクライナの関係は険悪なままだった。

革命・内戦期にボルシェビキ・共産党はウクライナでは人気がなかった。ウクライナでの共産党の支持基盤は都市の非ウクライナ人、すなわちロシア人やユダヤ人のインテリや労働者であった。彼らはウクライナ民族主義を嫌い、ロシアとの統合を求めた。

他方、ウクライナで多数を占めるウクライナ人は農村に住んでいた。ウクライナ農民はロシア農民より個人主義的で、土地に対する執着が強いといわれている。したがって共産党の標榜する土地の国有化や集団農場にはむしろ反対した。またウクライナの言語、文化の伝統は農村に依拠していたし、それゆえに農村はウクライナの民族主義の母体になっていた。

（黒川祐次『物語　ウクライナの歴史』〈中公新書〉）

この1920年代の段階ですでに、2022年の現在も残るウクライナ内のロシアや共産主義、ウクライナ民族主義への態度の重層性が見えている。

「非ウクライナ人vsウクライナ人」

「ウクライナ独立派vsロシア統合派」

「都市住民vs農村住民」

「知的労働者vs肉体労働者」

などである。

こうした複数のエスニシティ（民族性）や社会集団の存在は、ウクライナの多様性として今日まで残っている。エスニシティが多種多様であるということは「国がひとつにまとまることが難しい」ことと同義である。

数百万人が犠牲になった大飢饉（後述）をめぐる現在のウクライナの評価も、親露か反露かによって正反対に異なる。大統領が親露か反露かで「ウクライナ民族を狙った虐殺」「食糧政策の失敗」と政府見解が180度変わる。

以上は「日本人が想像するような単一の『ウクライナ国民』は存在しない」という教訓として学べると思う。

強制的な食糧徴発で数百万人死ぬ

第一次世界大戦から第二次世界大戦の戦間期にあたる1920年・30年代に、ウクライナは2回の大飢饉に襲われている。

- 1920～21年　ウクライナ南部で飢饉発生。
内戦による疲弊と、共産党による農業の集団化で生産が下落。しかし共産党はお構いなしに強制的に食糧を徴発。ロシアへ送った。約100万人が死亡。

レーニンは社会主義政策を一時中断して自由主義経済を復活（新経済政策＝NEP）。農業生産が回復する。
- 1924年　レーニン死去。
- 1927年　スターリンが権力を掌握。「ソビエト連邦体制」を守るために工業化と農業集団化を急ぐ。
- 1928～32年　ソ連「第一次五カ年計画」
ウクライナには、工業化の重点地域として全国の投資の20％が注入された。1400の新工場のうち400がウクライナに。東南部を中心に、ヨーロッパ最大規模の製鉄所、トラクター工場やコンビナートが建設される。ドニエプル川にダムや水力発電所が開発された。

● 1928〜29年　強制的な農業集団化を強行。

● 1932〜33年　大飢饉発生。

スターリンはウクライナで農業の集団化を急いだ。その目的を前掲「物語　ウクライナの歴史」は次のように記述する。

①工業化を急ぐため、食糧を安く農村から調達して工場労働者に与える。

②機械輸入に必要な外貨を稼ぐため、穀物を輸出する。

③個人主義的で独立意識の強い農民を上意下達の組織に組み込む。

「農業集団化」とは具体的にはこうだ。自分の土地を耕して自活していた農民から土地を集め、国有化し、規模を大きくする。農民はそこで働く「農業労働者」になる（ロシア語で国営農場『ソフホーズ』または集団農場『コルホーズ』）。

自分の土地を手放したくない農民は抵抗した。政府・共産党は強制的な手段を使った。抵抗する者を逮捕しシベリアの強制労働収容所送りにした。また自活農が成立しないような高率の税金を課した。集団化率は跳ね上がった。

1928年：3・4％　→　1935年：91・3％。

集団化が進む一方、ウクライナの穀物生産は減少した。ところが政府が持っていく徴発量は変わらない。

1930年：2100万トン（うち徴発量760万トン）→ 1931年：1400万トン（うち徴発量760万トン）

つまり生産した穀物の半分以上をモスクワのソ連政府に持っていかれたということだ。

ウクライナ「飢餓による死は意図的な虐殺」

当然、農民はこの調達に抵抗した。しかしモスクワの党・政府は強権的に調達を進めた。党の活動家に農家から穀物を押収する法的権利を与えた。党活動家の一団が都市からやって来て農家の一戸一戸を回り、床を壊すなどして穀物を探した。飢えていない者は食物を隠していると思われた。食物を隠している者は社会主義財産の窃盗として死刑とする法律が制定された。

こうして飢饉は1933年春にそのピークを迎えた。飢饉はソ連の中ではウクライナと北カフカス地方で起きた。都市住民ではなく食糧を生産する農民が飢え、穀物生産の少ないロシア中心部ではなく穀倉地帯のウクライナで飢饉が起きた。誠に異常な事態である。

農民はパンがなく、ねずみ、木の皮、葉まで食べた。人肉食いの話も多く伝わっている。村全体が死に絶えたところもあった。

（黒川祐次「物語　ウクライナの歴史」〈中公新書〉）

スターリン率いるソ連政府は、革命成功の威信を守るため、飢饉の存在そのものを認めなかった。モスクワにいる外国特派員にウクライナへの旅を禁じた。国際社会からの援助の申し入れを拒絶した。そして穀物の輸出を続けた。

いったいどれぐらいの犠牲者が出たのか、正確には今もわからない。この大飢饉そのものをソ連が秘密にしたためだ。ウクライナ現地のソビエト当局者は死者数を記録することを恐れた。いろいろ文献を見てみると、300万人～600万人の間という数字が出てくる。ウクライナだけで350万人が死に、出生率の低下を含めた人口減少は500万人という記述もある。いずれにせよ莫大な死者数だ。

第二次世界大戦での日本の死者は戦闘員・非戦闘員合わせて262万人～312万人である。それに匹敵、あるいは2倍に相当する人数が餓死したということになる。

ウクライナ側はこの大飢饉を「ホロドモール」（Голодомóр. 英語：Holodomor）と呼んでいる。ウクライナ語で「飢饉」を意味するホロド（holodo）と絶滅、抹殺を意味するモル（mor）の合成語だ。「飢餓による殺害」（death by hunger）つまり「意図的に飢えさせて殺した」の意味がある。

ここには「ロシア」または「ソ連政府・共産党中央」が「ウクライナ人を意図的に大量殺戮した」「ウクライナ人を狙い撃ちにして虐殺した」という含意がある。犠牲者の数でいえば「ナチス・ドイツによるユダヤ人虐殺（600万人）に匹敵する民族絶滅策だ」とウクライナの視点は主張する。

特にロシアに敵対的なウクライナ民族主義からは、現在もこの見解が聞こえてくる。ロシアによるウクライナへの「加害の記憶」という文脈で語られる。

全ソ連で1450万人死亡

「凶作なのに、スターリンが食糧を強制的に徴発した結果、飢饉が起きた」という点は歴史学者の見解は一致している。が、ウクライナ民族の虐殺だったのかどうかは見解が分かれる。というのは、飢饉はウクライナだけでなく、北カフカース、ヴォルガ川流域、カザフスタンでも起きたからだ。全ソ連での死者数は、

農民の死亡者：1100万人
＋強制収容所での死亡者：350万人＝計1450万人

という莫大な数にのぼる。先ほど第二次世界大戦での日本の死者は戦闘員・非戦闘員合わせて262万人〜312万人と述べた。それに比較しても想像が追いつかない、大量死である。

ということは、飢饉はソ連内各地で発生したということになる。

ウクライナ民族を狙い撃ちして虐殺したというよりは、無理な食料調達を強行したために、ソ連内の農業地帯がことごとく犠牲になった。それがより正確な理解ではないか。私はそう思う。

これは私見だが、ウクライナ民族を狙って虐殺するとしたら、スターリンは「餓死」というよ

うな回りくどい手段は取らないような気がする。

繰り返すが、大飢饉の正確な死者数は現在に至るまでわかっていない。最新の研究例として、2010年に出版された“Bloodlands: Europe between Hitler and Stalin”（日本語版「ブラッドランド」。2015年に筑摩書房刊）を挙げる。著者のイェール大学教授の歴史学者ティモシー・スナイダーは「ウクライナ内で330万人＋ソ連のウクライナ外でほぼ同数のウクライナ人が死んだ」と見積もっている。

1932年から33年にかけてソビエト・ウクライナで餓死した人、または栄養失調の関連疾患で死亡した人の総数は、およそ330万人と考えるのが妥当のようだ。これらの人びとのうち、約300万人はウクライナ人で、残りがロシア人、ポーランド人、ドイツ人、ユダヤ人などだった。（鳥賀陽注：ウクライナという空間に住んでいた非ウクライナ人）

ソビエト・ロシアでは約150万人が死亡し、そのうち20万人がウクライナ人であったと見られる。なぜなら、ロシアでもウクライナ人が暮らしていた地域の飢饉が特にひどかったからだ。カザフスタンで起きた飢饉では約130万人が死亡し、そのうち10万人がウクライナ人と推定される。

すべてを考え合わせれば、ウクライナでは総計330万人ものソビエト国民が飢餓のため、あるいはそれに関連した疾患のために亡くなり、ソ連全体では、これとほぼ同数の（民族としての）ウクライナ人が死亡した計算になる。

大飢饉の存在そのものを、スターリンは厳重な秘密にした。ソ連の革命を妨害する意図の「デマ」「でっち上げ」「陰謀」などと国内外に宣伝した。「ウクライナに潜入したポーランド人軍事組織」「ソ連の分裂を目論むウクライナ民族主義者」などが「犯人」にされた。

国境は封鎖された。モスクワにいる外国人記者たちは厳重な監視下に置かれ、飢饉被害地域への移動は禁止された。欧米は大飢饉の発生そのものを知らないままだった。

数少ない例外は、イギリス人フリーランス記者のガレス・ジョーンズである。1933年3月に監視をまいてモスクワからウクライナに列車で潜入。そこで目撃した大飢饉の様子を帰国後、ソ連国外に初めて報じた。

ジョーンズは1935年、日本統治下のモンゴルを取材中に誘拐され、ソ連NVKD（KGBの前身）に暗殺された。ウクライナ飢饉とジョーンズを描いた映画「赤い闇」（ポーランド・ウクライナ・イギリス合作）が2020年8月に日本で公開されている。

大国間の取引の犠牲にされたウクライナ人

ウクライナ人は国際世論に訴えようと必死の努力をしたが、届かなかった。ソ連が輸出する穀物を、欧米各国は当時、大恐慌（1929年～1930年代）に苦しむ自国労働者の食糧として買い上げることにしていたからだ。

ソビエト・ウクライナの動向にもっとも高い関心を寄せてきたはずの、外国に暮らすウクライナ人でさえ、飢饉の規模の大きさを理解するのに数ヶ月かかった。

隣国ポーランドには約500万人のウクライナ人が住んでいた。その政治指導層はソ連で大量餓死が発生していることを国際社会に知らせようと懸命の努力をした。が、彼らが悲劇の全容をつかんだのは、犠牲者の大半がすでに死亡した1933年5月のことだったのだ。

その年の夏から秋にかけて、ポーランドで発行されていたウクライナ語の新聞は飢饉の実態を詳細に伝え、ポーランド在住のウクライナ人政治家たちは、デモや抗議行動を組織した。アメリカのフランクリン・D・ルーズベルト大統領に支援を求めようという動きもあった。

だがどんな行動も状況を変えられなかった。国際市場はすでにソビエト・ウクライナから取り上げた穀物を他国の食糧にすることに決めていたのだ。ルーズベルトは大恐慌のさなかにある自国の労働者対策を最優先事項とし、ソ連との外交関係樹立をめざしていた。

ウクライナ人活動家たちの電報が大統領のもとに届いた1933年秋は、運悪く、米ソ間の交渉が最終段階を迎えたころだった。1933年11月、アメリカはソ連を正式に承認した。アメリカは食料を得て、ソ連は国際承認を得た。ウクライナで飢餓に苦しむ人々は、大国間の取引の犠牲にされた。

「ソ連が輸出した穀物」とは要するに、ソ連国内の農民が餓死してまでスターリンがかき集めたものだ。スターリンはそれを取引材料に、自国の国際的な承認を取り付けようとした。

1920年代当初はロシア革命を妨害しようとした欧米日も、当時はソ連政府との妥協に転じていた。ドイツが最初にソ連を承認（1922年）、英仏（1924年）、日本（1925年）が続いた。列強諸国では、もっとも共産主義を嫌うアメリカ（1933年）が最後だった。

こうして1934年、ソ連は国際連盟加盟に成功した。列強諸国はソ連の穀物と、自国製品を売るためのソ連市場をほしがった。ウクライナだけでなく、ソ連国民すべてが、そんな国際政治の利害の犠牲にされた。

加害・被害をめぐる歴史の記憶は紛糾を続ける

90年を経た今も、ウクライナでは、この大飢饉が「被害の記憶」としてことあるごとに論争にのぼる。特に「対ロシア」になると必ず亡霊のように蘇ってくる。親露か反露かで見解が正反対になる。

反露のユシチェンコと、親露のヤヌコビッチ両大統領の発言から引用する。

2007年、ウクライナ・ユシチェンコ大統領「ホロドモールはウクライナ人への意図的なジェノサイドだった」

国連や諸外国の同意を求めるキャンペーンを展開。ロシアは「飢饉の被害はウクライナ人のみならずロシア人やカザフ人にも広く及んだ」と反論。ウクライナ人に対する民族的なジェノサイドではないと否定した。

２００８年、大飢饉75年。キエフに「ウクライナ飢饉犠牲者追悼記念館」開設。２年後に国立施設になった。

２０１０年、ウクライナ・ヤヌコビッチ大統領「ホロドモールは、ウクライナ、ロシア、ベラルーシ、カザフスタンの４ヶ国でおきた。それはスターリンの全体主義体制の結果である。しかし、ホロドモールをひとつの民族に対するジェノサイドとみなすことは間違っているし、不公平だ。これはソ連に含まれた諸民族全てに共通する悲劇だった」

大飢饉をめぐる現象から、２０２３年の今、私たち日本人が学べることはこうだ。

戦争や侵略、異民族支配、植民地統治といった「負の歴史」は、その当事者の国や集団ごとに解釈が変わる。「加害・被害」という論点が発生するからだ。異なった、時には正反対のバージョンの「記憶」がそれぞれの集団に共有される。

「加害・被害」の記憶は、話し合いで合意に到達するのが難しい。「歴史の記憶」に感情要素がどうしても混入するからだ。

１００年近くが経っても、集団vs集団の見解の相違は、紛争の発火点にエスカレートすることがある。特にこの当事者の集団が「国と国」に分かれていた場合は、国家間の「論争」「紛争」として延々と尾を引く。

この現象は、日中戦争や朝鮮半島の植民地統治をめぐる日韓・日中の論争・紛争が現在も延々と続く現実と相似形を描いている。その点で、ウクライナの被害をめぐる論争と、被害者意識ナショナリズム（93ページ）という現象は、現代日本人にも理解できるのではないだろうか。

5 なぜプーチンはウクライナを「ナチ」「ファシスト」と呼ぶのか

次は第二次世界大戦時代のウクライナの話をする。

１９４１年6月22日、ナチス・ドイツがソ連に攻め込んだ。ドイツ側では「バルバロッサ作戦」という。

１９３９年にナチスがポーランドに侵攻して英仏が宣戦布告、第二次世界大戦が始まって2年が経っていた。当時、ウクライナはソ連の「一地方自治体」になっていた。１９２２年にウクライナをソ連に併合する内戦は終結し「ソビエト・ウクライナ」になっていた。そこにナチス・ドイツが攻め込んできたのである。

欧州の大半はナチス・ドイツの支配下に

ちょうど1年前の１９４０年6月22日、フランスはドイツに降伏していた（独仏休戦協定）。

現在のフランスからポーランドまで、欧州の大半はナチス・ドイツの支配下に入っていた。欧州でドイツと戦う主要国はイギリスだけになっていた。

フランスの敗北後、同盟国のイギリス軍はドーバー海峡を渡って欧州大陸から撤退。それを追って同年7月10日から10月31日、ドイツはイギリスに空軍戦を仕掛けたが、制空権を取れなかった。

ドーバー海峡の制空権が取れないと、海を渡ってイギリスに上陸軍を送っても、海上で航空攻撃を受け、撃沈されてしまう。イギリス上陸侵攻を諦めたヒトラーは翌年、戦線を西から東へ反転させた。それがソ連侵攻である。

当時、まだアメリカは欧州でも太平洋でも参戦していない。

大日本帝国は、１９３７年に中国との戦争を始めて４年目。しかし欧米との戦争には入っていなかった。日米両国が第二次世界大戦に参戦するのは、独ソ戦が始まって半年後、１９４１年12月7日に日本がハワイの真珠湾を奇襲攻撃してからだ。

ちょうどそのころ、ロシアには厳しい冬が訪れ、短期決戦を想定して冬の装備がなかったドイツ軍は、勢いが衰え始めていた。

日本軍が真珠湾を攻撃した１９４１年12月7日は、ドイツ軍がモスクワ攻略を諦めて後退し始めた時期とちょうど重なる。

独ソ戦が始まった当時、ドイツとソ連は「独ソ不可侵条約」で事実上の同盟関係にあった。ドイツは条約を裏切っての奇襲攻撃だった。当時スターリンは「ドイツの侵攻はない」と信じ込んでいて、完全に虚を突かれた。しかも、それまでの「大粛清」で、ソ連軍（赤軍）は中核になる将校を失い弱体化していた。

ソ連軍は当初敗退を重ね、ドイツ軍は首都モスクワまで約40キロに迫った。１９４１年末までにモスクワは陥落、ソ連は敗北するとさえ言われた。

しかし、ソ連軍は執念でドイツ軍を押し戻した。そして１９４５年４月には東欧→ドイツ→ベルリンへと反攻。ベルリンの総統府を包囲してヒトラー自殺→ナチス・ドイツ降伏にまで追い込んだ。

念のために確認しておくと、ナチス・ドイツの首都ベルリンを包囲・陥落させたのはノルマンディー上陸後に西から攻めてきた英米中心の連合軍ではない。ソ連軍である。

「第二次世界大戦で最大の犠牲を払い」かつ「ナチスを降伏に追い込んだ」ことは、プーチン大統領の時代になった現在も、ロシアが誇る歴史である。毎年5月9日の戦勝記念日（ナチス・ドイツが降伏した日）は、軍事パレードを含む国威発揚の祭典になっている。

ちなみに第二次世界大戦後、東欧とドイツの東半分（東ベルリンを含む）がソ連の影響圏＝共産主義国になったのは、そこをナチス・ドイツの占領から軍事的に解放したのがソ連軍だったからである。

現在のウクライナ国境はスターリンが決めた

第二次大戦期のソ連の歴史で、現在のウクライナと関係が深い点といえば、現在のウクライナの国境線は第二次世界大戦が終わった時にソ連が決めた国境線だということだ。

現在のウクライナの国境線は、独ソ戦でソ連軍がナチス・ドイツを押し戻し、領土を奪回（ついでに東欧諸国の領土をソ連に併合）する過程で形作られた。

ナチス・ドイツが占領していた旧ポーランド、ルーマニア、チェコ領などで、ウクライナ人が居住していた3ヶ国の国境地帯を、ソ連がウクライナにくっつけて国境線を引いた。

図表5は第二次世界大戦が終わって、ソ連がドイツを押し戻してソ連の領土が確定した時である。太線は現在のウクライナ国境を示している。

図表4（106ページ、1922年のソ連成立時）と比べてみてほしい。ポーランド領、チェコ領、ルーマニア領がざっくり削られ、ソビエト・ウクライナへ編入されていることがわかる。北隣のベラルーシもソ連の一部としてポーランドから領土を割譲されている。つまりソ連がナチス・ドイツを押し戻す過程で、ついでにポーランド、チェコ、ルーマニア領をぶんどって国境線を西に広げたということだ。

現在の「ウクライナ」という国の西部には、この「1939年までポーランド領だった地域」

図表5　第二次世界大戦終戦時の国境（濃色部はソ連）

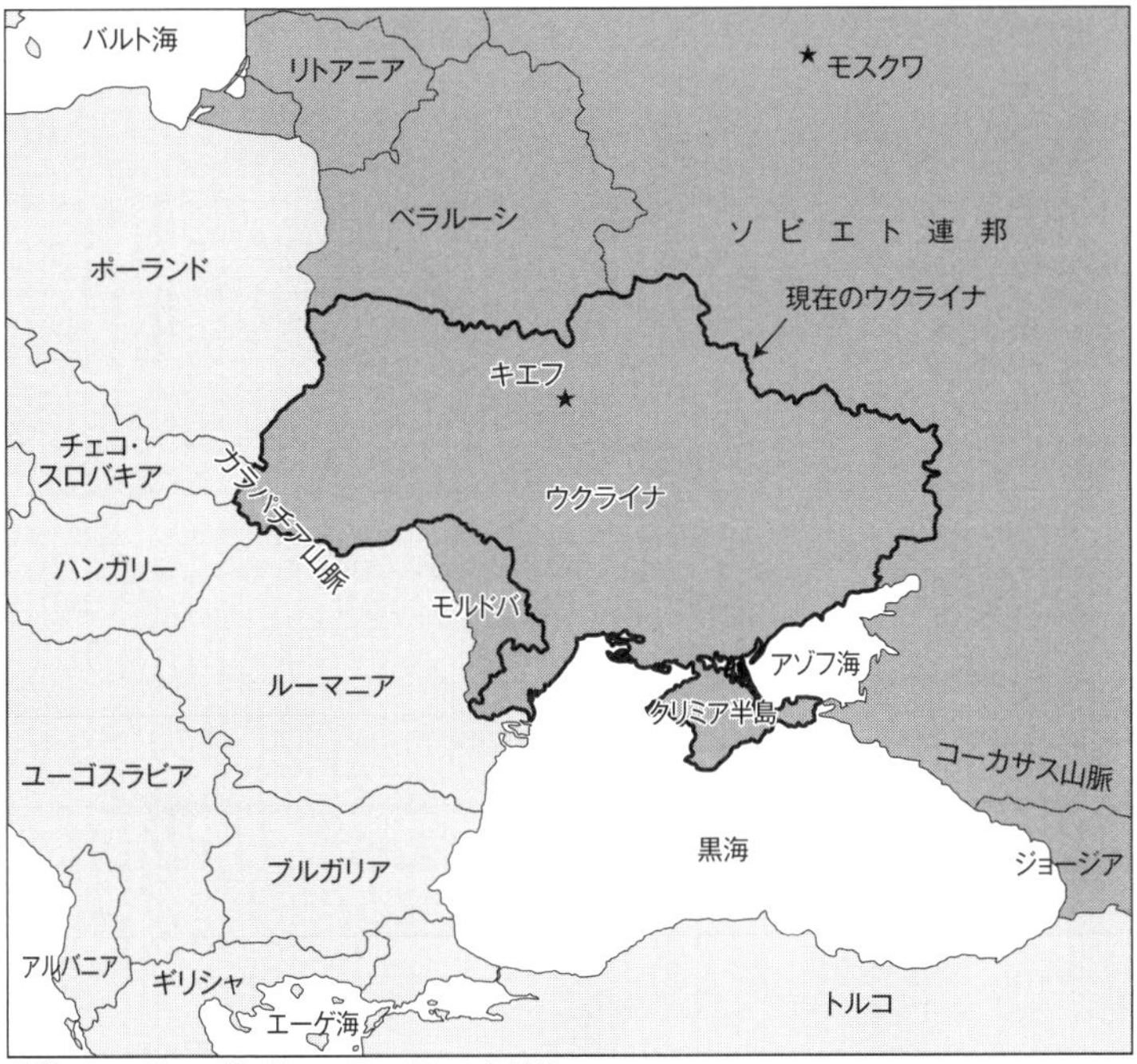

出所：Gene Thorp, Washington Post, March 9, 2015.

「ルーマニア領だった地域」「チェコだった地域」が含まれている。なので、それぞれの併合地域に少数民族がいる。

リビウはソ連のポーランド侵攻でウクライナ領に

前に「独ソ戦が１９４１年に始まるまで、ソ連とナチス・ドイツは事実上の同盟関係にあった」と書いた。その同盟の始まりが１９３９年８月に結ばれた「独ソ不可侵協定」（German-Soviet Nonaggression Pact）である。それぞれの外相の名前をとって「モロトフ・リッベントロップ協定」（Molotov-Ribbentrop Pact）とも呼ぶ。この「独ソ不可侵協定」には公開されない秘密議定書が付いていた。

独ソ両国：ポーランドに侵攻し分割。

ソ連：バルト三国併合。フィンランドと冬戦争。ルーマニアの領土割譲。

つまり「ケンカにならぬよう、独ソ両国にはさまれた国々の縄張りを事前に決めておいてから、それぞれ軍事侵攻・占領しましょう」という、ヒトラーとスターリンの間の秘密の取り決めである。無茶苦茶な話だ。独ソに侵略・占領された国はたまったものではない。

真っ先にその犠牲になったのがポーランドだった。

独ソ不可侵条約が締結された約1週間後の1939年9月1日、ナチスはポーランドに西側から侵攻。第二次世界大戦が始まる。するとソ連は同年9月17日に東側から同国に侵攻、ナチスとポーランドを分割。ポーランドは消滅した。

2ヶ月後の同年11月30日には、ソ連はフィンランドに侵攻（冬戦争）した。国際連盟はソ連を除名した。

翌1940年6月にはソ連はバルト三国（エストニア、リトアニア、ラトビア）に侵攻・併合。

侵略に次ぐ侵略である。当時は、日独伊3国にソ連を加えた4国同盟が結成される可能性すらあった。

冷戦時代はウクライナはソ連の一部で固定化

ソ連が軍事力で決めた国境線とはいえ、第二次世界大戦後はポーランド、ルーマニア、チェコスロバキアが、ソ連を盟主とする社会主義陣営に組み入れられたため、紛争にならなかった。ウクライナも「ソビエト・ウクライナ」としてソビエト連邦の「構成国」になった。ソ連邦の主要3ヶ国としてロシア、ベラルーシ（白ロシア）と並んで、国連総会で一票を持った。

しかし実態はソ連の「地方自治体」だった。

そして戦後、東西陣営の間で冷戦が始まり、ウクライナは「ソ連の一部」として固定されたまま46年が過ぎた。ある意味「安定」した時代である。

それが再び流動化したのは、1991年にソ連の崩壊とともに「ウクライナ」が国として独立した時だ。ウクライナは主権国家になった。そしてロシアの影響圏を離れようと、政治的に西欧に接近した。事態は一気に流動化した。

1954年、ソ連フルシチョフ第一書記は、クリミア半島のウクライナへの帰属を決めた。ソ連当時なので、モスクワ政府にすればあくまで国内の「地方自治体」を移管しただけのつもりである。千葉県浦安市にあっても「東京ディズニーランド」と称する程度の違いにすぎない。

しかし、ウクライナが独立国になって、話が変わった。このクリミア半島帰属の見解の食い違いが「クリミア半島はロシアに帰属するのか、ウクライナなのか」がロシアとの紛争になった。２０１４年の第一次ウクライナ戦争で、ロシアはクリミア半島を無血で奪回した。２０２２年に始まる第二次ウクライナ戦争でも、クリミア半島は依然として重要な紛争地点である。

人類史に残る残虐な殲滅戦・独ソ戦

第二次世界大戦に話を戻す。同大戦の中でも、ナチス・ドイツとソ連の戦争は、歴史に残る大規模かつ残虐な「殲滅戦」として知られている。

戦線は南北３０００キロという莫大な長さである。これはほぼ日本列島の長さに匹敵する。ここに双方が戦車、重火砲で武装した数百万の兵力を投入して激突。そんな破壊と殺戮のローラーが、北はフィンランドから南はコーカサス山脈まで往復した。

大飢饉・大粛清という自国政府（スターリン）による殺戮が収束してから、ナチス・ドイツがソ連に攻め込んできた１９４１年6月まで、わずか2年ほどしか経っていない。ソ連の民衆にとっては、息つく間もない苦難の連続である。

独ソ戦の戦史としての詳細は、それだけで本が1冊書けてしまう量なので、ここでは深入りしない。詳しく知りたい人は「独ソ戦」（大木毅著。岩波新書）を推薦する。

第二次世界大戦での日本の死者は非戦闘員を含めて３００万人前後である。それだけでも悲惨な大量死なのだが、ウクライナではその倍以上の685万人が死んだ。ソ連全体では1128万人である。日本人の記憶にある「戦争の惨禍」のスケールをはるかに超えている。

独ソ戦を歴史的にきわだたせているのは、そのスケールの大きさだけではない。独ソともに、互いを妥協の余地のない「滅ぼされるべき敵」とみなすイデオロギーを戦争遂行の根幹に据えたため、惨酷な闘争を徹底して遂行した点に、この戦争の本質がある。およそ4年間にわたる戦いを通じ、ナチス・ドイツとソ連のあいだでは、ジェノサイドや捕虜虐殺など、近代以降の軍事的合理性から説明できない、無意味であるとさえ思われる蛮行がいくども繰り返されたのである。

（大木毅「独ソ戦　絶滅戦争の惨禍」〈岩波新書〉）

〈独ソ戦での死傷者〉

ソ連　死者・行方不明者・捕虜＝1128万5057人

　　負傷者・罹病者＝1825万3267人

ドイツ　死者＝444万〜531万8000人

〈そのうちウクライナ〉

死者：685万人（当時の総人口4134万人の16・3％）うち非戦闘員：520万人

（出典：大木・前掲書など）

独ソ戦が悲惨な戦争になった理由はいくつかある。

①ナチス・ドイツはナチズム、ソ連は共産主義（コミュニズム）と、どちらも人工的なイデオロギーによって運営される国だった。共に自らの政治体制を「人類の進歩」と称した。

②両国とも独裁体制だった。ドイツはヒトラー、ソ連はスターリンという独裁者に率いられていた。

③第二次世界大戦が始まる前から、両国とも非戦闘員の殺戮を含めた政治的暴力を使った。ナチスは人類を「民族」によって区分し（レイシズム）ユダヤ民族やスラブ民族を「抹殺また は支配されるべき民族」に分類した。

ソ連は人類を「階級」によって区分し、先立つ「大飢饉」や「大粛清」で「富農」「ポーランド軍事組織」を敵として虐殺した。

④スターリンは、ナチスの侵略への抵抗を、ナポレオンのロシア侵攻からの「祖国防衛戦争」になぞらえて「大祖国戦争」と喧伝し、国民の愛国心を煽った。軍には降伏を許さなかった。

ソ連軍が撤退する時は、敵に利用できるものを何も残さない「焦土作戦」を展開。農村を焼き払い、工場や都市を破壊して撤退した。地元民にすれば、自分の街が侵略軍と自国軍に2回以上破壊されることになる。

「ウクライナ」は植民地で「ロシア」は宗主国

さて、この独ソ戦を空間としての「ウクライナ」の視点から見てみよう。結論を先に言えば、ウクライナにとっては、モスクワのソ連政府もナチス・ドイツも、食糧など資源を略奪に来た侵略者にすぎなかった。

ウクライナはソ連の一部になっていた、と冒頭に書いた。これはウクライナの視点からすると「4年間内戦で抵抗したのに、モスクワを中心とするソ連共産党に武力で制圧されてしまった」になる(ロシア革命のあと、ウクライナで内戦が終結してソビエト・ウクライナとして併合されたのは1922年)。

そしてウクライナは産出する穀物をロシアに収奪された(他にも石炭、鉄鉱石など天然資源も)。1930年代、ウクライナを含むソ連全体で300万人以上が餓死する大飢饉が起きても、ソ連は穀物を外国へ輸出し続けた。西側諸国は「世界恐慌」で食料不足に陥っていた。ソ連はウクライナの穀物を売って外貨を稼ぎ、工業化の原資にした。

私見だが、ソ連という一国の中に「宗主国」と「植民地」が併存していたと考えたほうがわかりやすい。モスクワやサンクトペテルブルグを中心とする「ロシア」が宗主国で「ウクライナ」が植民地だ。ロシアが「支配・収奪する側」でウクライナが「される側」である。「中心部」と「周辺部」と言い換えれば、これはソ連だけでなく、あちこちの国にあった地政学的な構造ではないだろうか。

かつての日本でも、首都＝東京という「中心部」と、食糧生産地帯である「東北」や石炭生産地帯だった「九州」は「中心部vs周辺部」の構造である。ソ連のロシア・ウクライナの関係と相似形を描いている。食糧とエネルギーという戦略物資の生産地は、首都で決められた国策の犠牲にされる。工業化の初期では、そんな現象が世界のあちこちで起きる。

この「ロシア」＝宗主国vs「ウクライナ」＝植民地という構造を敷衍すれば、第一次・第二次ウクライナ戦争をめぐる両国民の対立感情も理解しやすいのではないか。

ナチス侵攻の狙いもウクライナで生産される食糧

ウクライナの視点からすると、第二次世界大戦でナチス・ドイツが攻め込んできて占領したといっても「支配者がボルシェビキからナチスに交代しただけ」である。

著作「ブラッドランド」「ブラックアース」で、ウクライナを含めたソ連とドイツに挟まれた東欧の悲劇的な歴史を一次史料に基づいて記述したティモシー・スナイダー（イエール大学教授）は「ウクライナは独ソ戦の戦場であるだけでなく、原因そのものでもある」と述べている。

“Bloodlands”とはウクライナ、ベラルーシ、ポーランド、バルト三国など、ドイツ・ソ連という二大ランドパワーにはさまれた地域を指す。スナイダーは、この地域に両国の政治的暴力の犠牲者が集中していることから「Bloodlands＝流血地帯」という名前をつけた。一方の「Black Earth」は肥沃なウクライナの黒い土壌のことだ。

スナイダーが「ウクライナは独ソ戦の原因そのもの」と指摘する理由は、ナチス・ドイツがソ連に侵攻した大きな目的が、ウクライナで生産される食糧・穀物だったことだ。

もうひとつの大きな目的はカスピ海沿岸のバクー油田の石油だ。

ナチスは、食糧やエネルギー資源を生産する地域をドイツの支配下に置く計画を立てていた。その正当化として「生存圏」（Lebensraum＝レーベンスラウム）という概念を作った。

「国家が自給自足を行うために必要な、政治的支配領域」を指す。ナチスが他国の侵略を正当化するのに使った理屈は「自国の自衛と生存のため」であり、その中心になった概念が「生存圏」だった。

ちなみに、この「生存圏」を大日本帝国がアジアに応用したのが「大東亜共栄圏」である。

ヒトラーは1925年の自著「わが闘争」で早くもこの「生存圏」の必要性に言及している。

「第一次世界大戦（1914〜1918）でドイツは、イギリスの海上封鎖で国民が飢餓に陥り、約76万人が餓死した」

1940年、海軍大国イギリスを降伏させることを諦めたナチス・ドイツにとって、第一次世界大戦の悪夢の再来を防ぐ鍵がソ連、中でもウクライナだった。しかし、ウクライナにもソ連にも「地元民」がいる。どうするつもりだったのか。ナチスが立てた計画は「抹殺」だった。

（ナチスの）全体の構想は一貫していた。ドイツは占領地の住民を強制移住させ、殺害し、同化させ、あるいは奴隷化して、劣悪な環境の辺境地帯に秩序と繁栄をもたらす。大半がスラブ

人からなる、推定3100万から4500万人が消えることになっていた。

食糧の純輸入国であったドイツとその占領下の西欧諸国にとって、ソ連は唯一、現実的なカロリー源だった。ヒトラーも承知していたように、1940年後半から41年前半にソ連が輸出していた穀物は、90％がウクライナ産だった。スターリンと同様ヒトラーも、ソヴィエト・ウクライナを地政学上の資産とみなし、そこで暮らす人々は土を耕す機具であり、取り替えたり破棄したりできる道具だと考えていた。

ヒトラーは無尽蔵に肥沃なウクライナの土壌にあこがれ、ドイツ人ならソヴィエト人よりさらに多くを搾り取れると考えていた。ウクライナの食糧は、東方帝国建設というナチスの構想にとっても、ソ連の一体性を守る立場にあるスターリンにとっても、非常に重要だった。ウクライナはスターリンにとって「要塞」だったが、ヒトラーは「パン籠」と見ていた。

ドイツの計画立案者たちは、また集団農場を使って何百万人もの人々を餓死させる必要があると考えた。こうして1941年5月23日には飢餓計画の作成が完了した。ドイツはソ連に侵攻し、占領する過程で、ソヴィエト人、それもとくに大都市の市民を大量餓死させ、それによってドイツ軍将兵と自国（と西欧占領地）の国民を養うつもりだった。計画では、都市をことごとく破壊して自然の森に帰し、1941年から42年にかけての冬に3000万人を餓死させる予定だった。

（前掲スナイダー「ブラッドランド〈上〉」〈筑摩書房〉。途中一部略）

ナチスをボルシェビキからの解放者と誤解

独ソ戦の歴史を、現在の視点から考えてみる。すると、この第二次世界大戦中に起きた出来事が今でも、ウクライナをめぐる論争に尾を引いていることがわかる。

ナチス・ドイツが侵攻してきた時、ウクライナは１９３０年代の「大飢饉」「大粛清」の傷が癒えていなかった。その被害があまりにひどかったため、当初ウクライナでドイツを「ボルシェビキ（ソ連共産党）からの解放者」と考える地元民が出た。

この時ウクライナでドイツ軍の占領統治に協力した地元民の数は、ドイツ軍に入隊した30万人を含め約１００万人である。ここには、占領統治の「下請け」に使われたウクライナの地元警察が含まれている。（出典："Ukraine under Nazi Rule 1941-1944." The Yearbooks for the History of Eastern Europe, 1997, Franz Steiner.）

ウクライナの名誉のために付言すれば、この１００万人という数字は、ソ連軍に参加してナチスと戦ったウクライナ人４５０万人に比べれば少ない。

しかし、現在もロシア政府は、ウクライナ政府との対立場面になると「当時ウクライナはナチス・ドイツに協力した」＝「ファシスト」であるというプロパガンダを使う。ロシア政府は「ウクライナはファシスト・ネオナチに支配されている」と非難し、ウクライナ政府は「そんな事実はない」と否定する。

一例をあげよう。次は２０１４年の「マイダン革命」時に在日ウクライナ大使館が日本語で出した声明である。


ウクライナ国内で、急進派やその精神が社会を支配しているという論理は、ロシアの対ウクライナ情報工作で多用されている。しかし、実際はウクライナにはそうした事実はなく、ウクライナ大統領選で右翼勢力がわずか１・86％（チャグニボク１・16％、ヤロシュ０・７％）の得票数だったことで、こうした故意の嘘が打ち砕かれた。


第二次世界大戦時の記憶をめぐって、両国政府の間で今なおプロパガンダ合戦が続いていることがわかる。

当時のウクライナには武装した民族主義過激派グループがいて、自分たちがウクライナ領と信じる領土から他民族を排除する、民族浄化的な虐殺をポーランド系やユダヤ系住民相手に起こした。この歴史的事実も、現在のロシアとの対立局面でのウクライナではタブー視される。

１９３０年代から、当時ポーランド領だったリビウ周辺で反ポーランド武装闘争を展開していた「ウクライナ民族主義者組織」（ＯＵＮ）はその代表だろう。その指導者だったステパン・バンデラ（１９０９～59）＝本章扉写真＝は現在もウクライナの右翼・民族主義者の間では英雄である。反対に、ロシアやポーランドとの間では今も歴史論争の争点である。

近年のウクライナ映画「バンデラス」（２０１８年）でも、今でも“Banderite”（バンデラ主義者）

という名前はウクライナの「民族主義者」「独立派」「反露派」の別名になっている。ところが、親露地域ドンバス2州の住民は「バンデリスト」を「ナチス」「ファシスト」「虐殺者」と同義に使う。そんなシーンが劇中に出てくる。親露派と反露派でその言葉の理解が正反対である。

バンデラは、ナチス・ドイツをウクライナをソ連から解放する勢力として歓迎。独ソ戦が始まった直後の1941年6月30日、ウクライナ国家の独立をリビウで宣言した。

リビウはつい2年前の1939年までポーランド領だった。独ソ両国によってポーランドが分割された結果、ソビエト・ウクライナ領になっていた。

ところがナチスはウクライナの独立宣言を許さず、バンデラはゲシュタポに逮捕されてドイツ国内の強制収容所に送られてしまう。残ったOUNは武装パルチザン組織「ウクライナ蜂起軍」(UPA)を結成してナチス・ドイツ、ソ連、ポーランド亡命政府と「自分以外は全部敵」という絶望的なレジスタンス戦を展開した。

「ウクライナ蜂起軍」は、ポーランド系住民とウクライナ系住民が混在するウクライナ西部の森林・山岳地帯を活動地域にしていた。1943年から45年にかけて、この地域でUPAに虐殺されたポーランド系住民は7万~10万人と見られている。またユダヤ系、チェコ系住民も犠牲になった。ポーランド系も報復で1万から2万人のウクライナ系住民を殺害した。

バンデラ自身はナチスに逮捕されてドイツ国内の強制収容所にいたため、こうした虐殺に直接は関与していない。最後までナチスへの協力を拒否した。

第二次世界大戦が終わった後も、ウクライナが自分を敵視するソ連の一部になったため、バンデラは故郷に戻れなくなった。ドイツで1959年にKGBに暗殺された。

こうしたウクライナ民族主義や独立運動の「暗部」は「物語　ウクライナの歴史」（黒川祐次。中公新書）のような包括的な歴史書にも、出てこない。初心者向けのウクライナ史の本にはまず出ていない。ウクライナ政府公認のネット情報にも出てこない。それだけ隠したい「暗部」なのだろうと邪推せずにいられない。

ややこしいのは、1991年の独立後、国民のナショナリズム感情（多くの場合は反ロシア感情）の高まりに便乗して、ウクライナ政府や地方議会がバンデラの名前をポピュリズムに利用し始めたことだ。

2010年：オレンジ革命後に就任した反露派のユシチェンコ・ウクライナ大統領がバンデラに「ウクライナ英雄」の称号を授与。ユダヤ系住民が反発。裁判所は「英雄」称号を取り消し。

2014年：マイダン革命後、反露派のポロシェンコ大統領が当選。バンデラやOUN／UPAを「ウクライナ独立の英雄」として名誉回復する法律を制定。

2016年：首都キエフの「モスクワ通り」をキエフ市議会が「ステパン・バンデラ通り」に改名。

ロシアとポーランドを刺激

このウクライナのバンデラ名誉回復の動きは、バンデラを「戦争犯罪者」とみなすロシア政府を刺激した。当然ながら、虐殺の被害者であるポーランドも愉快には思っていない。現在のポーランドは右派・民族主義政党「法と正義」が与党なので、なおさらである。

ポーランドでは毎年7月11日、このＵＰＡによる虐殺を記憶する式典が、大統領も出席して開かれている。２０１６年には虐殺を描いた「ヴォリン」というポーランド映画が公開された。

こうした第二次世界大戦中のＵＰＡによる虐殺をめぐる歴史論争は、ウクライナとロシアだけでなく、ポーランドとの間にも「喉に刺さった魚の骨」のようにずっと残っている。火がついたままの炭のように、くすぶっては発火する。ウクライナ・ポーランド両国ともナショナリズムとポピュリズムが盛んなだけに発火しやすい。現在はロシアの軍事侵攻という、共通の敵（ロシア）を前に、ポーランド側が自重して沈黙しているにすぎない。

とはいえ、ＵＰＡの勢力は3～5万人、多めに見積もった史料でもせいぜい10万人である。前述のソ連軍に参加してナチと戦ったウクライナ人４５０万人と比較すると、ウクライナ地元民の中で少数派、小さなグループにすぎなかった。

前述のプレスリリースでも、ウクライナ政府は２０１４年の大統領選での右翼勢力の得票率は

1・86％にすぎなかったと主張している。今も昔も「極右」はウクライナでは少数派にすぎないということだ。

バンデラの名前が、対立するロシア・ウクライナ・ポーランド政府間の論争になり、マスメディアが取り上げるので、実態以上にプレゼンスが過剰に大きくなる。

さらに、ロシア政府がウクライナ政府を「ネオナチ」「ナチス」「ファシスト」と攻撃・宣伝する。2022年にウクライナに軍事侵攻を始める理由を、プーチン大統領はじめロシア政府は「（ウクライナの）非ナチ化」と形容した。こうしたプロパガンダが重なり、マスメディアではウクライナの極右のプレゼンスが実態以上に過大に見えてしまう。

極右団体はマスコミの注目を浴びやすい

構成員1～2000人前後にすぎないウクライナの極右民兵組織「アゾフ連隊」がウクライナ正規軍（総員約21万人）の中核組織であるかのように国際ニュースの注目を浴びる現象も、そうしたプロパガンダ戦の結果だ。「白人至上主義」「レイシズム」「テロ」など、西側メディアの好きなテーマに関連づけられ、国際ニュースになりやすい。

2012年にポーランド系ドイツ人研究者のグジェゴス・ロゼリンスキー・リーベがウクライナを訪問して国内数ヶ所でバンデラとUPAの歴史についての講演を開こうとしたところ、会場に右翼団体がデモに押しかけ、キャンセルせざるを得なくなった事件がある。

ロゼリンスキー・リーベの主著はバンデラやUPAについての詳細な歴史書“Stepan Bandera: The Life and Afterlife of a Ukrainian Fascist: Facism, Genocide, and Cult”(「ステパン・バンデラ　ウクライナのファシストの生涯と影響・ファシズム、虐殺とカルト」)である。ここにはUPAのポーランド系・ユダヤ系住民への虐殺などが詳しく述べられている。

ここで学べることは、ウクライナ人による他民族の虐殺は、今も言及そのものが「タブー」ということだ。前章で述べたように、あくまで「ウクライナ人＝ロシアの加害の被害者」という「ウクライナ人被害者史観」が好まれる。

論争がこじれにこじれたところに、2022年のロシアの軍事侵攻が追い打ちをかけた。ウクライナというれっきとした主権国家に武力侵攻したのだから「ウクライナはいつもロシアの加害の犠牲者」という「被害者史観」をロシアが現実にしてしまった。

こうした「ロシアによる加害の被害者」という「被害者ナショナリズム」が「ウクライナ人」のナショナル・アイデンティティの根幹ですらあることは前に述べた。

当然、ウクライナ人は「ロシア許すまじ」で燃え上がる。報道に対して非友好的なロシアに比べて、ウクライナは積極的な情報戦（プロパガンダ戦）を仕掛けている。西側メディアもそれに影響され「ウクライナがんばれ」一色になる。ネットはもちろん、欧米はじめ西側のマスコミはフェアな判断が停止している。

今日本では、ウクライナ人によるポーランド系住民の虐殺や、ナチスへの協力の事実を指摘しただけで「軍事侵攻を肯定するのか」「親ロシア派」「プーチン支持者」と、的外れなレッテルが貼られる。特にツイッターなどSNS、ネット上はひどい。バイアス抜きに歴史上の事実を扱う議論なのに、大衆の感情的な発言が轟音になって妨害する。たいへんやりにくい。

いうまでもないことだが、当時のウクライナやソ連国内で吹き荒れていた政治的暴力の凄まじさを考えれば、ウクライナ民族主義者の虐殺だけが大きく脚光を浴びるのはフェアではない。

ソ連軍に入ってナチスと戦ったウクライナ人が450万人いる一方、ドイツ軍に入隊したり地元警察員としてナチスに協力したウクライナ人が100万人いる。

先に述べたように、1930年代にウクライナをはじめソ連国内で「大飢饉」（300万人を超えるウクライナ人が餓死）が始まった時、現地のNKVD（KGBの前身）は「ポーランド軍事組織の陰謀で飢餓が起きた」というフェイクニュースをでっち上げた。

その取り締まりとして「ポーランド作戦」が実行され、ポーランド系住民は銃殺されたり、シベリアの強制収容所に送られたりした。

ウクライナにはソ連在住のポーランド人60万人のうち最大の70％が住んでいた。1937年からの2年間で、5万5928人が逮捕され、4万7327人が銃殺された。ベラルーシでも6万人以上のポーランド人が処刑された（前掲スナイダー「ブラッドランド」）。

ナチスはソ連への報復としてユダヤ人迫害を扇動

そうした民族虐殺や大飢饉・大粛清に連続して、ナチスが侵攻してきた。支配者が変わると、虐殺の標的になる民族がポーランド人からユダヤ人に変わった。ナチスは占領地のユダヤ系住民を「絶滅」させる計画だったからだ。

1941年9月26日、キエフがナチス・ドイツに陥落した。その3日後の同月29日、ナチスは同市のユダヤ系住民を集めて、同市北西部の「バビ・ヤール」という渓谷に連行。崖の縁に並べて銃殺を繰り返し、死体は渓谷底部に埋められた。銃殺は36時間続き、2日間で3万3771人のユダヤ系市民が殺された。バビ・ヤールでは、ナチスの占領が終わるまでに約10万人が殺害されたと推定されている。こんな虐殺が占領地のあちこちで起きた。

不幸なことに、ソ連の民衆の間では「ボルシェビキはユダヤ人に支配されている」という偏見があった。ソ連共産党＝ユダヤ人という陰謀論である。ナチスはそれを利用した。大飢饉・大粛清による被害の「報復」として、ユダヤ人を迫害するよう占領地の住民にけしかけた。

こうしたユダヤ人虐殺の「下請け」に使われたのは現地人警察官だった。前述の「ナチスに協力した100万人」にはこうしたユダヤ系市民の殺害実行要員としてのウクライナ現地警察官の数字が含まれる。

ポーランド東部のさらに南の、ウクライナ人が多数を占めていた地域（烏賀陽注：現在のウクライナ西部）では、ドイツ人がウクライナ民族主義者に「ソ連のウクライナ人弾圧を招いたのはユダヤ人だ」と非難した。

現地のウクライナ人民兵組織は、ドイツからの支援や働きかけのあるなしにかかわらず、開戦から数日のうちに1万9655人のユダヤ人を殺したり、ほかの者をけしかけて殺させたりした。

ドイツが期待したように、怒りはかつてソ連政権に協力した者ではなく、ユダヤ人に向けられた。ユダヤ人が苦難の元凶だと思っていたかどうかはともかく、ドイツの扇動に乗った人々は、ユダヤ人への迫害が「新しい支配者」を喜ばせていることを知っていた。彼らの行動はナチスの世界観を追認していたのだ。NKVDによる処刑への報復としてユダヤ人を殺害すれば、ソ連はユダヤ国家だというナチスの考え方を認めたことになる。

エストニア、ラトヴィア、リトアニア、ウクライナ、ベラルーシ、ポーランドでソ連に協力してきた地元住民は、ユダヤ人に暴力をふるうことによって汚名返上のチャンスを手にした。ユダヤ人だけが共産主義者に仕えたとする見方は、占領者だけではなく、非占領者の一部にとっても好都合だったのである。

（1941年8月に入ったころには）現地の警察官を銃殺要員として採用する方法が広く取られており、リトアニア人、ラトヴィア人、エストニア人がほぼ当初から大量銃殺に加わっていた。１９４１年末には、数万人のウクライナ人、ベラルーシ人、ロシア人、それにタタール人も現地の警察に採用されていた。ソ連で暮らしていた民族ドイツ人がもっとも望ましいとされ、彼らもまた、ユダヤ人の殺害に際立った働きをみせた。（スナイダー前掲書。一部中略）

こうした「ナチス・ドイツへの協力者がいた」というウクライナの歴史の暗部を、現在のロシア政府は拡大解釈して軍事侵攻の正当化に使っている。現在のウクライナを「ナチ」「ファシスト」と呼ぶことで、78年の隔たりがある第二次大戦の記憶を意図的に現在のウクライナにダブらせようとしている。

第三章

戦争前から破綻していた
ウクライナ経済

6

経済規模はソ連時代の6割に縮小

本項では1991年にソビエト連邦が崩壊、ウクライナが主権国家として独立してから、2022年2月にロシアが軍事侵攻するまでのウクライナの話をする。

日本人の大半は、2022年2月24日にロシアの軍事侵攻が始まって初めて、ウクライナという国に注意を向けるようになった。「戦争が始まるまで、ウクライナはどんな国だったのか」を深くは知らない。その空白を埋めるのが本稿の狙いだ。

前部では、まず独立後ウクライナの全体像を俯瞰していく。いわば「概観」「概論」である。後部で各論に入り、時系列に従って詳述したいと思う。

世界で116番目の一人あたりGDP

結論を先に言ってしまうと、2021年のウクライナは「欧州でもっとも貧しい国」である。いやそれどころか、世界でも真ん中より下の貧しい国に属する。

世界銀行の統計によると、ウクライナの国民一人あたりGDPは4836ドル（2021年）。

図表6　1989年＝100とした時の旧社会主義国の経済成長比較

旧東欧社会主義国	2004年	2008年	2014年
ポーランド	135	156.5	171
アルバニア	129	154.5	170
スロバキア	114	142.4	150
スロベニア	120	136.5	124
エストニア	102	113.7	121
チェコ	108	126.7	120
ブルガリア	96	119	120
ハンガリー	115	119.6	114
ルーマニア	92	113.2	111
リトアニア	84	99.8	102
ラトビア	83	98	97
クロアチア	91	104.8	97

出所:欧州復興開発銀行=EBRD/ 'Transition Repor' より作成

図表7　同・旧ソ連国の経済成長比較

旧ソ連構成国	2004年	2008年	2014年
トルキスタン	105	160.3	217
ウズベキスタン	107	144.8	191
アゼルバイジャン	71	163	187
カザフスタン	94	124.5	156
ベラルーシ	100	134.5	155
アルメニア	89	131.3	140
タジキスタン	62	91.9	127
キルギスタン	75	94.2	112
ロシア	77	97	106
ジョージア	41	73.5	98
モルドバ	41	57.5	70
ウクライナ	51	60.7	58

出所:欧州復興開発銀行=EBRD/ 'Transition Report' より作成

これはスリナム、ナミビアについで世界180ヶ国中116位。イラク、フィジー、モンゴル、エルサルバドル、トンガの上である。EU加盟国平均の20％でしかない。

比較のために例示すると、日本の国民一人あたりGDPは「失われた30年」の後でも3万9313ドルである。ウクライナの約8倍だ。アメリカは7万0249ドルで約14倍。反対にいうと、ウクライナは日本の8分の1、アメリカの14分の1貧乏だということになる。

独立後32年間のウクライナはずっと「社会主義から資本主義・民主主義体制への移行の失敗」が続いている。たいへん残念ながら、そう言わざるを得ない。同時期に「ヨーイドン」で一斉にスタートした旧ソ連構成国や東欧国と比べても遅れている。

前ページの表は、1989年＝100とした場合の旧ソ連・東欧諸国の実質経済成長率である。ウクライナは、旧ソ連はもちろん、東欧諸国すべて合わせても最下位。ソ連時代の6割以下に経済が縮小してしまった。これほど経済が後退した国は他にない。

経済に関する限りウクライナは「社会主義時代の方がマシだった」ということになる。

ポーランドに出稼ぎに行くと収入が5倍に増える

ウクライナで暮らす人々の生活実感はどうなのだろう。

2018年のフランスのテレビ局“France 24”のニュースには、キエフのトラック運転手ボバ・ババクが、隣国ポーランドに出稼ぎに行く様子が記録されている。

本書でも何度か述べたとおり、ポーランドは文化的にも近いし、言語も似ている。陸続きの隣国で、ＥＵ加盟国だ。ウクライナ労働者にとってもっとも身近な出稼ぎ先である（ＥＵとウクライナの連合協定は２０１６年に発効。ただしまだ加盟国扱いではない）。

「ウクライナでは賃金が低すぎて生活ができない」とババクはいう。ウクライナではトラック運転手の収入が月３００〜４００ユーロ（４万２０００〜5万６０００円）だが、ポーランドでは１５００〜２０００ユーロ（21万〜28万円）になる。夜行バスで12時間かけてポーランドに行って免許を取り、トラックのハンドルを握る。

実は、ポーランド人労働者はより高い賃金を求めてイギリス（当時はまだEUを脱退していない）やフランスに出稼ぎに行く。ウクライナ人労働者は、ポーランドの労働力不足を補っている。

こうして外国へ出稼ぎに出ているウクライナ人の総数は４００〜６００万人にものぼるとみられる。独立当時５１００万人いた人口は約４３００万人に減少した。約25年で約16％の人口を失った計算になる。同じ期間で「少子高齢化」の日本でも２・13％人口は増えている。

減少分には欧米に移住してウクライナに戻らない労働者も含まれる。一般に、外国に留学できる、あるいは学歴の高いウクライナ人ほど、そのまま欧米で就職、定住して戻らないことが多い。「頭脳流出」である。

賃金が低くて生活ができない、ということは「賃金が不当に低い」または「物価が不当に高い」あるいはその両方である。

400ドルの家賃が払えず超過酷な通勤

ウクライナ人を妻に持つイタリア人漫画家イゴルトは、グラフィック・ノベル「ウクライナ・ノート」（花伝社）の中で、ウクライナ東部の工業都市ドニプロ市の住宅事情と通勤の様子を次のように書いている。2010〜11年の話だ。月400ドル（5万1000円）の家賃が庶民には払えない、という。前述のトラック運転手・ババクの話と符合する。

服も食べ物も安いのに、どうして家賃だけは月600とか1000とか、1500ドルもするのかな？　別に豪華な家じゃない、ごく普通のワンルームで。

答えは簡単だ。私が見てきたマンションは、ウクライナ人向けの住居ではない。ウクライナ人は、中心市街から1時間の距離にある、うらびれた果てのない郊外に暮らしている。不動産業はマフィアが牛耳っているらしい。界隈で幅をきかすふたつの「ファミリー」が家賃を設定し、何十万という市井の人びとを締め出している。こうして、都市を縦横に走る小型バス交通網が誕生した。

12人が着席し、5、6人は立って乗車する。この「マルシルトタクシー」が、エキゾチックな名前の途方もなく遠い郊外まで走っている。仕事のために月400ドルのワンルームを借りる余裕など誰もない。仕事が終われば、苦痛に満ちた長い待ち時間が始まる。ときには、家に帰るために、80、90人が列を作ることもある。1時間半待って、1時間半バスに乗る。これでは実質、仕事のために生きているようなものだ。

ここには後述するウクライナ社会の諸問題がいくつか顔を出している。

2大マフィアが不動産業界を支配＝オリガルヒによる寡占支配。

住宅価格が市場原理やフェアな競争で決まらない。寡頭支配者が不当に値段を高く設定する。

法律や司法はそれを取り締まらない＝「法の支配」が機能していない。

ちなみに、舞台のドニプロ市は4章で詳述するオリガルヒ、イゴール・コロモイスキーの本拠地である。

信用格付はずっと「投資不適格」

次ページの図表8はソ連時代末期の1990年を100とした時のウクライナの実質GDPの推移。一度もソ連時代を回復できないまま、4〜6割を低迷している。

「ムーディーズ」「スタンダード&プアーズ」などの格付け会社は世界各国の信用格付（クレジット・レーティング）を公表している。「ムーディーズ」の場合、1年以上の長期投資のレーティングは最低「C」から最高「AAA」まで21段階がある。

図表8　ウクライナの実質GDPは独立後ずっとソ連時代を下回る

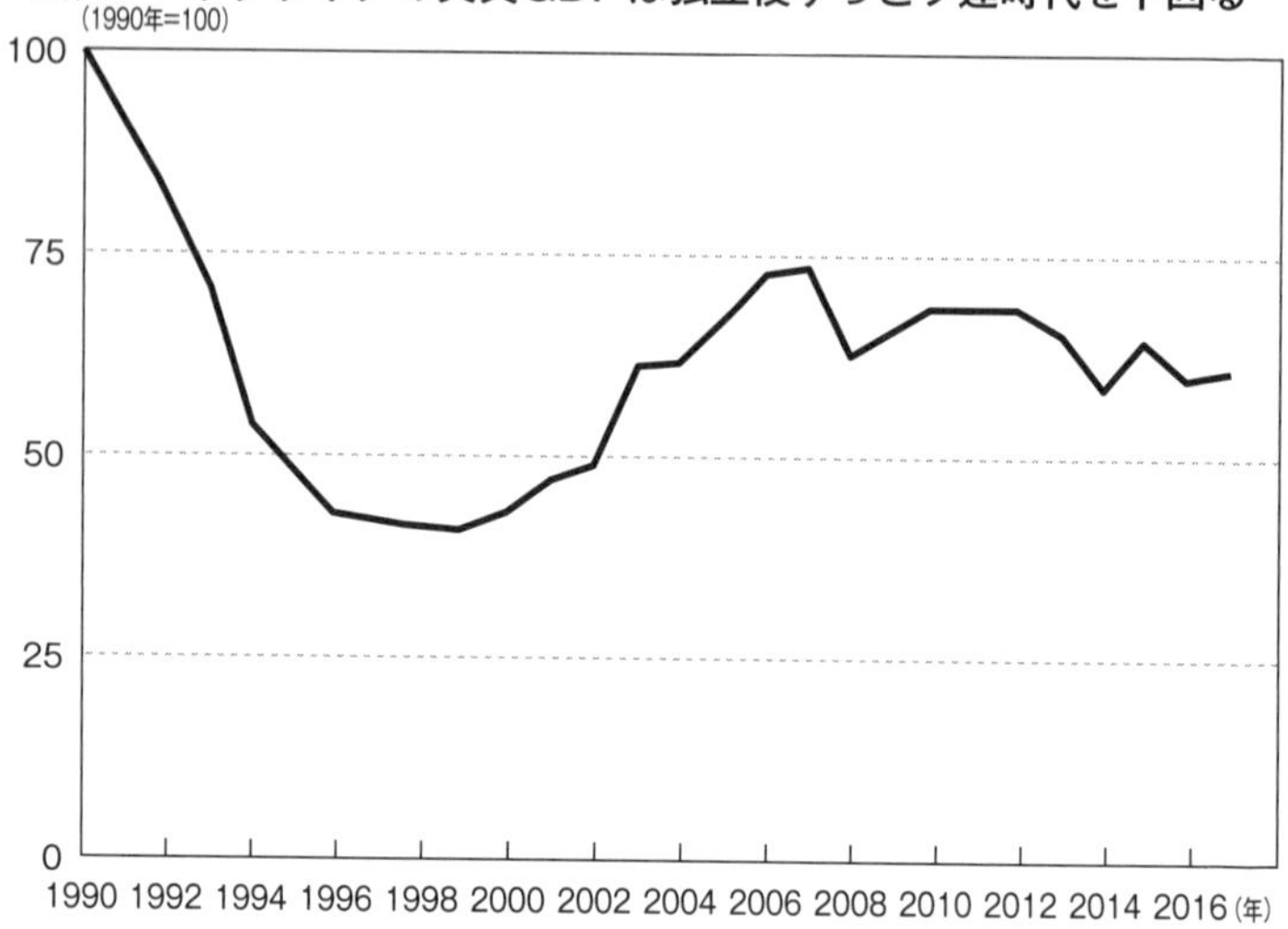

出所:「ウクライナを知るための65章」(明石書店)掲載の数値より烏賀陽作成

図表9　ウクライナの信用格付(クレジット・レーティング)

格付機関	レーティング	見通し	日付
S&P	CCC+	stable	2022年8月19日
Fitch	CC	n/a	同17日
S&P	SD	n/a	同12日
Fitch	RD	n/a	同
S&P	CC	negative	同年7月29日
Fitch	C	n/a	同22日
S&P	CCC+	negative	同年5月27日
Moody's	Caa3	negative	同年20日
Moody's	Caa2	under review	同年3月4日
S&P	B-	negative watch	同年2月26日
Fitch	CCC	n/a	同
Moody's	B3	under review	同25日
Fitch	B	stable	同4日
Fitch	B	positive	2021年8月6日

出所:"Trading Economics" Uklaine

ここでもウクライナへの評価は厳しい（図表９）。１９９８年から２０２２年に至るまで、ウクライナの信用格付はずっと21段階中、下から３～８番目を推移している。一度も「投資適格」（上位10番まで）に入ったことがない。つまり外国からの投資が集まらない。

32年間続くロシアとの紛争・政治の混乱

なぜウクライナ経済は低迷を続けているのか。独立後のウクライナを悩ませ続ける問題点を列挙してみよう。

A　エネルギー輸入をロシアに依存している
B　農業・鉄鋼・石炭など主要産品に国際競争力がない
C　政治・政府で対立と混乱が続いて政情が不安定
D　不安定さゆえに外国資本が投資を忌避
E　政府・行政・官僚の腐敗
F　少数の富裕な経営者（オリガルヒ）が産業と富を独占

A　ウクライナは天然ガス、石油などエネルギー源をロシアに依存してきた。
→ところが、そのロシアと「脱露入欧」路線をめぐり対立・紛争。

→２０１４年の第一次ウクライナ戦争（『クリミア半島危機』）以後はロシア産エネルギーから離脱を図る。

→ロシアはウクライナを迂回して欧州にガスを売るパイプライン「ノードストリーム１」を建設。

→パイプライン産業収入の約25億ユーロ＝３５１９億円を失いウクライナ経済に打撃。

そもそも、石油や天然ガスといったエネルギー資源がなければ、電気が起こせない。鉄鉱石が埋蔵されていても、電気やガスがなければ、製鉄炉や鉄鋼プラントが動かない。製品にできなければ、輸出してお金（外貨＝ドル）を貯めることもできない。ウクライナに限らず、一国の経済が立ち行かなくなる。石油やガスが国の存亡にかかわる「戦略資源」「戦略物資」と呼ばれる所以である。

ウクライナ国内でも石油・天然ガスは出る。しかし石油は国内需要の37％、天然ガスは33％しかまかなえない。第一次ウクライナ戦争前まで、ウクライナは需要の70％以上をロシアから輸入していた（２０１３年12月　ＡＴＯＭＩＣＡ）。

ソ連時代は、ロシアもウクライナも同じ「ソ連国内」である。ロシアほか国内で生産される天然ガスがパイプラインで安価に支給された。

しかしソ連が崩壊し、ロシアは「外国」になった。ガスもお金を払って「買う」ことになった。ロシアも「国内価格」ではなく「国際市場価格」に値上げを求めた。

2005年4月の契約更改交渉でロシア側はウクライナ政府に、現行50ドル → 160ドル、さらに230ドルへ値上げを要求。後述する「第一次ガス紛争」と呼ばれる紛糾の末、2006年1月に95ドルで決着（1000立法メートルあたり。2021年7月12日国際環境経済研究所「欧州ガスパイプラインの歴史的背景その3」三好範英より）。

ややこしいのは、ロシアが欧州に天然ガスを輸出するパイプラインの動脈がウクライナを通っていることだ。ロシア産の対欧州ガス供給のうち、約80％がウクライナを経由していた。ロシアが払う「パイプラインの使用料」がウクライナの大きな収入源だった。

ウクライナのGDP構成比は、農業：12％、工業：28％、サービス産業：60％（2018年）。ロシアがウクライナに支払うパイプライン使用料＝パイプライン運営産業の収入は「サービス産業」に入る（アレクサンドラ・グージョン「ウクライナ現代史」〈河出新書〉）。

IMFなど海外からの融資や援助で息をつく

ここまで述べただけでもウクライナ経済がヨレヨレであることは如実にわかる。

それでも「国家破綻」（デフォルト宣言）を回避できてきたのは、IMF（国際通貨基金）をはじめ海外からの融資や政府間援助などの注入があったからだ。大きなIMFの融資は次の通り。

図表10　ウクライナのGDPに占める債務の割合

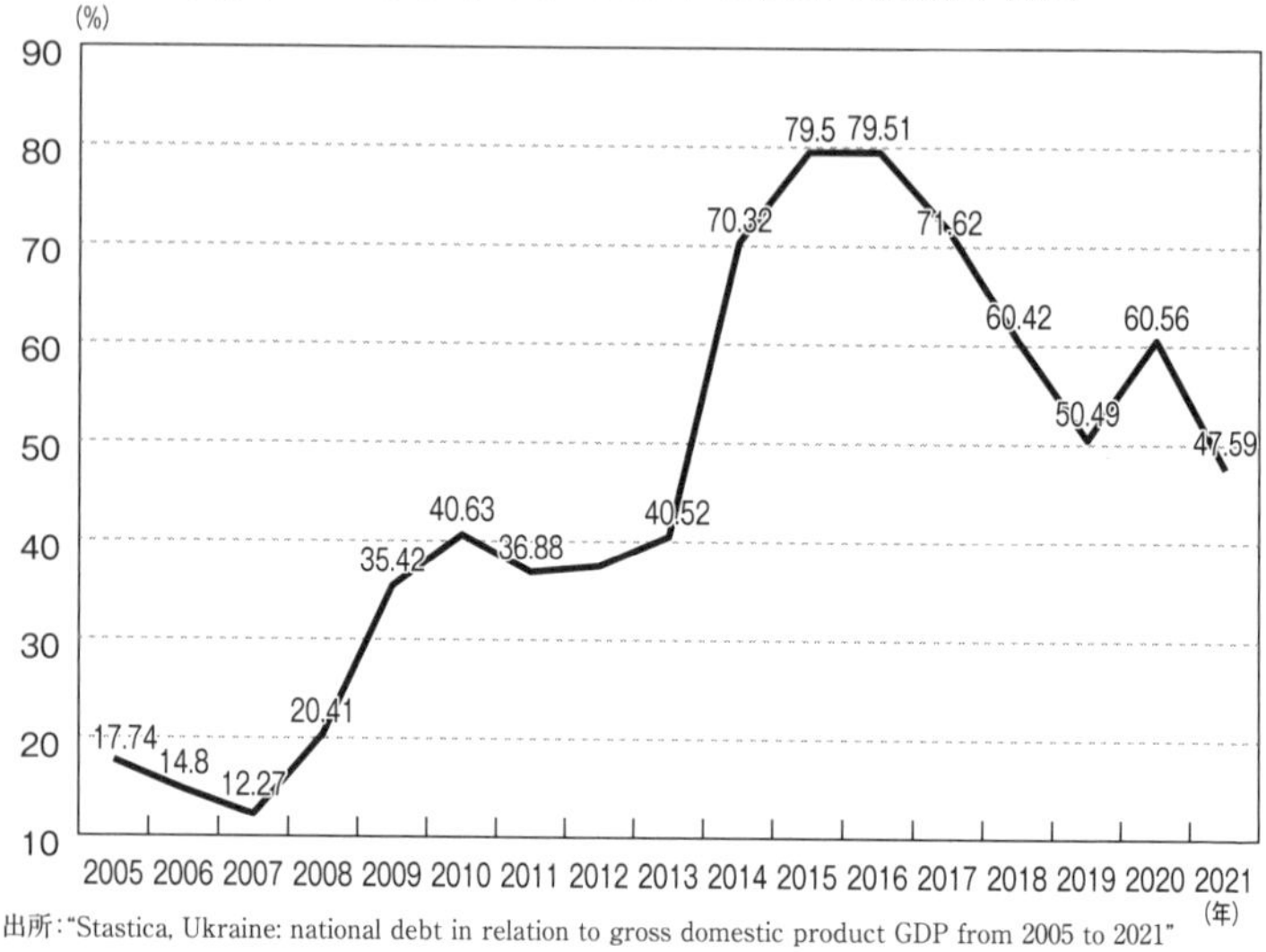

出所：“Stastica, Ukraine: national debt in relation to gross domestic product GDP from 2005 to 2021”

２００８年　サブプライムローン危機：ＩＭＦに援助を依頼。１６４億ドルの融資受入。

２０１４年　第一次ウクライナ戦争：通貨価値下落。再びＩＭＦに融資を依頼。４年間で１７５億ドル支援を受ける。アメリカ・ＥＵも数十億ユーロを融資。世界銀行や欧州の銀行からも支援。

２０２０年　コロナウイルス流行：ＩＭＦの緊急支援。18ヶ月間で55億ドル。

しかし融資とはつまり「借金」である。債務が膨れ上がってＧＤＰ（一国の生産能力）の８割にまで迫った。「危険水位」であることはいうまでもない。

２００８～２０２０年のＩＭＦ融資の３回合計額は３９４億ドルである。

１９９７年に経済危機に陥った韓国へのＩＭＦ融資額は１９５億ドルだった。比較すると、ウクライナの借金がいかに巨額かわかる。

図表10は、ウクライナのGDPに占める債務の割合だ。2014年の第一次ウクライナ戦争以後、収入（GDP）に対する借金（債務）の割合が約80％に急増している。理由は次の通りだ。

①鉄鋼・石炭など輸出品の産地である東部・ドンバス2州の分離独立紛争で、ウクライナ政府がドンバスの支配を失った。石炭・鉄鋼産業を喪失。

②ウクライナ政府がドンバスを経済封鎖した。貿易途絶。

③経済制裁と報復の応酬でロシアとの貿易が急減した。

コロナ流行をIMF融資で乗り切り、2021年にようやく債務が約48％に減ったと思ったら、今度は2022年2月24日にロシアが軍事侵攻（第二次ウクライナ戦争）してきた。

1997年にIMF管理下に入ってから、2001年に全額を返済するまでの韓国では、GDP額に占める政府総債務残高の比率は14～17％である。ウクライナの50～80％という数字がいかに危険かわかる。

国債格付けは「事実上のデフォルト」

格付け機関「スタンダード&プアーズ」は第二次ウクライナ戦争後の2022年7月、ウクライナ国債の格付けを「CCC＋」から「CC」に引き下げ「事実上のデフォルト」と評価した。

ウクライナに対する債権者は同年8月、戦争を理由に債務200億ドルの2年間凍結を宣言。かろうじてデフォルト宣言は免れた。しかしウクライナ経済は実質的には破綻状態だ。

IMFは融資の条件として、ウクライナの政治・法律・経済構造の改革を要求している。例えば「ガス産業や農業の市場開放」や「汚職撲滅」「法体制の改革」など。

それに応じてウクライナが実行した改正は次の通り。

●「農地市場法」：農地の売買を禁止する法律を終了＝農地売買の自由化。

●「銀行法」：国有化された銀行を元の所有者が買い戻せないよう禁止。オリガルヒの金融支配を防ぐ。次章で「反コロモイスキー法」として言及する。

●エネルギーへの政府助成金引き下げ＝ガス代急騰し国民生活を直撃。

なぜIMFはこうした「国内改革」を要求するのか。経済にワイロ・コネ主義やオリガルヒ支配がはびこり、放置されたままでは、いくら資金を融資しても、また経済がマヒして、財政が破綻するのは明白だからだ。

これはEUが加盟準備国に要求する条件とほぼ同じである。

1993年にコペンハーゲンで開催された欧州理事会で示された加盟基準なので「コペンハーゲン基準」という。

①政治的基準：民主主義、法の支配、人権、少数民族の尊重と保護を保障する安定した制度を有する。

②経済的基準：機能する市場経済と、ＥＵ内での競争圧力と市場の力に対処できる能力。
③ＥＵ法体系全体を受容する。
現在はさらに次の2項目が追加された。
④新規加盟国としての義務を完全に履行できる行政能力を有する。
⑤ＥＵが効率的に機能し発展できる能力を維持する。
反対にいえば、こうしたＩＭＦやＥＵが求める国内改革を達成しない限り、ウクライナ念願のＥＵ加盟はいつまでたっても実現できないことになる。

B　農業・鉄鋼・石炭など主要産品に国際競争力がない。

もともと、ウクライナ経済の主力産品である鉄鋼・化学肥料などの製品は付加価値が低い。加えて、ソ連時代から生産施設や流通がほとんどアップデートされていない。社会主義時代の需要に合わせた工業製品は国際市場では時代遅れになった。

ソ連時代の安いエネルギー（天然ガス）供給を前提にしているので、生産施設がコスト浪費体質である。そのコスト高は製品価格に上乗せされる。

ゆえに輸出しても、国際市場での競争力がない。誰も買ってくれないのだ。

第二次世界大戦のころ、ウクライナはその豊かな穀物生産で「ヨーロッパのパン籠」と呼ばれた。今も小麦、砂糖大根、ヒマワリなどの産地である。

しかし近年、欧米日はウクライナの小麦をほとんど買っていない。買っても家畜用飼料に使われる。欧米日で食用に供するには、ウクライナ小麦はグレードが低いからだ。

現在、ウクライナ小麦の輸出先上位は①エジプト②インドネシア③バングラデシュである。ウクライナの穀物は黒海を経由して船舶で輸出されていた。そのルートが第二次ウクライナ戦争でほとんど封鎖されてしまった。欧州の陸路を使った輸出ルートを同国は作ろうとしている。農産物にせよ工業製品にせよ、ウクライナ産品は「生産者→顧客」に製品を届ける「サプライ・チェーン」が未整備である。これも国際競争力の足を引っ張っている。

C 政治・政府の混乱が続いて政情が不安定。

親露政権と脱露政権が入れ替わる。政策が4～5年で二転三転する。

↓国内世論が脱露地域と親露地域で正反対に分裂する。

↓政党が乱立し離合集散を繰り返す。

↓大統領と首相が対立する。政治的な目的で捜査や逮捕が行われる。

↓政府が経済運営に注力できない。

D 不安定さや汚職を嫌う外国資本が投資をためらう（前述レーティング参照）。

外国企業の資本や技術が入ってこない。

↓経済成長をスタートさせる初期資本がない。

↓経済のテイクオフができない。

E 政府・行政・官僚の腐敗。

病院や学校、役所、警察など行政機構の末端までワイロやコネが横行。

↓司法はそれを取り締まらず放置。

↓「法の支配」が機能しない。

↓ワイロを払える金持ち、有力者にコネのある人が得をする。

政府の腐敗や汚職を監視する国際NGO“Transparency International”の調査によると、ウクライナ政府の汚職認識指数（Corruption Perceptions Index）は100点満点で32点。調査対象180国中で122位である。

F　少数の富裕な経営者（オリガルヒ）が産業と富を独占。
経済力で政治に影響を及ぼす。自らも閣僚や大統領、首相になる。

ソ連時代はロシアに次ぐ第2位

ウクライナは、ソ連時代はこうではなかった。1991年12月にソ連が崩壊、ウクライナが独立を達成した時点で、ウクライナは人口・工業・農業生産でロシアにつぐ旧ソ連内では第2位の存在だった。1991年の時点でソ連の経済指標のうち、ウクライナが占める割合はこうだ。

- 人口：18・3％
- GDP：14・5％

・鉱工業生産：16・7％
・農業生産：20・7％
何度も述べたように、ウクライナには穀物生産に適した肥沃な黒土に恵まれた広大な農地がある。石炭・鉄鉱石といった天然資源にも恵まれていた。帝政ロシア～ソ連時代、ウクライナ東部には鉄鋼業を中心にした重工業地帯が築かれた。

冷戦時代は、ウクライナはソ連の軍需産業の拠点でもあった。（ドニプロペトロウシクは）ウクライナ東部にある人口120万人の都市だ。冷戦期、ソ連製のミサイルはすべてここで作られていた。通称「ロケット・シティ」。21世紀に入るまで、この都市に外国人は立ち入れなかった。（前出「ウクライナ・ノート」〈花伝社〉）

ウクライナがソ連を離れ、独立しても経済的に自立していく自信があったとしても不思議なことではない。その夢と希望にあふれた独立がどうして暗転したのか。

7 ロシア産天然ガスのくびきからの解放

1991年、ソ連が解体しウクライナが独立したことは、ウクライナ人にとって350年間の悲願の達成だった。「自分たちの国」を待ち望んだウクライナ人にとって、夢と希望に満ちた、輝かしい出発だったにちがいない。
それが32年間で「旧社会主義国でいちばん貧乏な国」に転落した。一体何があったのか。

ウクライナは世界第3位の核武装国になるはずだった

1991年12月、ソ連が解体して15の主権国家に分裂した時、欧米をはじめとする世界の最大の懸案は、構成国に分散していた旧ソ連所有の核兵器だった。特にICBM（大陸間弾道ミサイル）は、欧州だけでなく、アメリカ本土や日本をも射程範囲に収めてしまう。核兵器の大規模な拡散という点で、第二次世界大戦後最大の危機だった。当時のICBMの分布を示す。

ロシア：8155
ウクライナ：1650
カザフスタン：1040
ベラルーシ：72

もしこの核兵器をそのまま引き継いだとすると、ウクライナはイギリス・フランス・中国を上回り、米露に次ぐ世界第3位の核武装国に躍り出るはずだった。

少し時計を逆戻ししてみよう。ソ連の解体を決定づけたのは、ロシア・ベラルーシ・ウクライナの元首（エリツィン・ロシア大統領、クラクチェフ・ウクライナ大統領、シュシケビッチ・ベラルーシ議長）が1991年12月8日にベラルーシの森「ベロヴェーシ」の山荘（ソ連時代はフルシチョフ書記長の別荘）に集まってソ連からの脱退を決めた会議である。

ここには、ゴルバチョフ・ソ連大統領（当時）は招かれていない。ゴルバチョフ＝ソ連を出し抜くための集まりだった。主要構成国3ヶ国を失ったソ連は、17日後の同年12月25日に崩壊。ゴルバチョフも辞任し、大統領権限をエリツィンに引き継いだ。ロシア革命以来、73年間続いたソビエト連邦が消滅した。

この時点でウクライナは、ソ連時代の核兵器をそのまま引き継いで、核武装国になる考えを持っていた。出席者の証言から。

〈クラフチェンコ・ベラルーシ外相〉

ウクライナは自分をソ連の核兵器の正当な後継者と考えていました。当時、ウクライナとベラルーシの領土には相当数の最新型大陸間弾道ミサイルが配備されていました。ウクライナは当時5000万もの人口を持つ、経済的に大きな可能性を持った国で、一大農業国でもありました。ヨーロッパの中では明らかに大国です。そして、もし核兵器を持てば、単なる大国ではなく、ヨーロッパの強国にすらなれると考えたのです。

（NHK「証言でつづる現代史～こうしてソ連邦は崩壊した」）

先立つ1991年6月には、同じ社会主義連邦国のユーゴスラビアで分裂と内戦が始まり、民族別に分かれて血みどろの殺戮と破壊を繰り広げていた。核兵器が分散したソ連で分裂をめぐって内戦になれば、核兵器が使われ、破滅的な結末になる可能性があった。

ウクライナは先立つ1991年7月に国家主権を、同8月24日にはソ連からの独立を宣言していた。レオニード・クラクチェフ初代大統領は、会談3日前の12月5日に当選したばかり。もともとロシアからの独立を悲願としていたウクライナ側は、ベロヴェーシ会談でもロシアと対立する場面が多くなった。

ロシア側は「ロシアに核兵器を引き渡す」「ソ連時代の核兵器はロシアが管理する」ことをウクライナに提案。「その代わり国境線はいじらない」ことを約束した。ウクライナ側は核兵器を引き渡すことと経済援助を引き換えにする交渉に出た。

アメリカの援助と引き換えに核兵器を放棄

結局、ウクライナやカザフスタン、ベラルーシが核兵器の保有を諦めたのは、アメリカのベーカー国務長官（当時）が各国を訪問し、核兵器のロシアへの引き渡しと交換に、援助を約束したことによる。

1992年末の時点だけで、アメリカがウクライナに渡した核兵器関連援助は17億5000万ドルにのぼった。


〈クラクチェフ・ウクライナ大統領～当時〉

エリツィンは「あなた方は核兵器をロシアに無償で譲渡すべきだ」と言ってきました。そこで私たちはアメリカにも、この交渉に第三者として参加してもらい、助けてもらおうとしました。早い話が、解決してほしいと依頼したのです。

私は「ウクライナは核兵器を譲渡することに異論はないが、値段がつけられないほど貴重なものをタダで渡すことはできない」と主張しました。

ウクライナには３６５もの核兵器関連の工場がありました。３６５ですよ。どの工場も、20億ドルの価値がありました。アメリカもうまく介入してくれ、結局はうまくいきました。

（ＮＨＫ「証言でつづる現代史〜こうしてソ連邦は崩壊した」）

クラクチェフは全体の金額をはっきり言っていないが、核兵器関連工場ひとつ20億ドルを要求した、それをロシアに代わってアメリカが出したと暗に言っている。ウクライナは核兵器放棄を交渉材料に、アメリカからの資金援助を引き出すことに成功した。身も蓋もなく言ってしまえば、ソ連時代の遺産である核兵器を17億５０００万ドルで売ったということだ。戦略核兵器のウクライナからロシアへの引き渡しが完了したのは１９９６年のことだった。

ウクライナは通常兵器を中国やタイへ輸出

「ウクライナを知るための65章」（明石書店）の中の「ウクライナの軍需産業」で塩原俊彦・高

知大学准教授は次のように指摘している。

ソ連崩壊でソ連全体の「国防産業複合体」の3分の1がウクライナに相続された。

企業数1840〜3600社

従業員数270〜300万人

その内訳は「ミサイル部品」「輸送機」「ジェットエンジン」「船舶用ガスタービン」「装甲車」などである。2014年6月末現在でも、軍需産業関連の企業数は162社。ウクライナ政府は輸出産業として軍需産業を強化している。

「ストックホルム国際平和研究所」の「世界の武器貿易」2020年版によると、ウクライナは武器輸出国として世界14位、シェア2・5％（2012〜26年）である。

ウクライナの国民一人あたりGDPが世界116位であることを思い出してほしい。GDPの規模に比べると、ウクライナの武器輸出のシェアは突出している。つまりウクライナにとって、武器・兵器は世界市場で国際競争力のある数少ない重要な産品ということになる。

ウクライナ製兵器の主な輸出先は次の通りだ。

①中国
②タイ
③ロシア（2014年の第一次ウクライナ戦争以降は途絶）

ウクライナが輸出する武器は、日本を囲む東アジアの安全保障に大きな影響を与えている。

例えば中国とウクライナは「国防省間協力条約」「国際軍事技術部門面協力協定」（１９９４年）「相互機密情報保護・維持に関する政府間条約」（２０００年）などを締結して緊密な共同歩調を取っている。

時おり沖縄本島と宮古島の間の公海を通過して日本のマスコミや右派を騒がせる中国初の空母「遼寧」はウクライナ産である。

ドニエプル川の黒海河口にある「ミコラーイフ黒海造船所」でソ連時代から建造され、ソ連崩壊後は係留されたままになっていた。当時の名前は空母「バリヤーグ」（『バイキング』の意味）。それをウクライナが中国に売却（１９９８年5月）。中国が改装したのが「遼寧」である。

またロンドンにあるシンクタンク「国際戦略研究所」（ＩＩＳＳ）は、北朝鮮が２０１７年８月に打ち上げたＩＣＢＭ「火星14号」のジェットエンジンが「ロシア設計・ウクライナ製造」で「ウクライナからロシア経由で秘密裏に輸出された」という説を提示している。

２０１７年7月に打ち上げられた「火星14号」は、5月の「火星12号」に比べて射程距離が７７０キロ→６７００キロ～１万キロと飛躍的に伸びた。この技術的な進歩で、北朝鮮の弾道ミサイルはアメリカ本土・西半分を射程に収めることに成功した。

当然「突然なぜ、飛距離が10倍に伸びたのか」という疑問が出る。ＩＩＳＳは、北朝鮮が公開した火星14号打ち上げの動画を解析し、ロシア設計ミサイルの画像と比較して「同一のもの」と断定した。ＩＩＳＳによれば、この形のミサイルエンジンは、もうロシアにはストックがない。

ストックがあるとするなら、可能性はウクライナしかない。ソ連時代に設計・製造された弾道ミサイルエンジンをウクライナが秘密裏に北朝鮮に売り、ロシア経由で陸路輸送したのではないか。ロシアもそれを黙認したのではないか。ＩＩＳＳはそう推論している。

ウクライナ・ロシア間のエネルギー紛争の始まり

ベロヴェーシでのもうひとつの合意事項は「独立国家共同体」（ＣＩＳ）の創設だった。これはソビエト連邦に代わる「主権国家のゆるやかな連合体」を作る構想だ。「単一の軍隊・単一の核管理・単一の経済組織」。これが当初の目標だったが、今日に至るまで実現していない。

ウクライナの国民や議会はＣＩＳ構想に反対した。クラクチェフ初代大統領も途中でベロヴェーシ会談から退席してしまった。そして「公式には参加しない」ことにした（会議室の外で待って、会談の結果を聞いては非公式に意見を伝えた）。その後もウクライナはロシアやロシア主導のＣＩＳから距離を取り始めた。

1992年10月　ウクライナが暫定通貨（カルボヴァネツ）導入。ロシアの通貨であるルーブル決済圏から離脱。しかしウクライナ政府は通貨管理に失敗し、１９９３年のインフレ率は１万％を突破（物価が１００倍に高騰）。

一方、ロシアがエネルギー価格を「ソ連時代の国内価格」から「国際価格」に値上げ。ダブルで市民生活を直撃。

1993年　「ウクライナの外交政策基本方針に関する議会決議」＝EC（欧州共同体）への加盟方針を明記。CIS憲章に調印せず。準加盟。ロシアと距離を置き西欧に接近する「脱露入欧」路線を表明。

ウクライナがロシアと距離を取ると同時に、2国間に天然ガスという対立点が浮上し始めた。ウクライナはエネルギー源の70～80％をロシアに依存していた。ウクライナがいう「（ロシア主導の）いかなる統合・同盟にも反対」という方針は「ロシアとの通貨統合や関税引き下げ＝経済統合にも参加しない」ことを意味する。

1993年　ロシアがガス・石油価格を国際化。天然ガスや石油はそれまで「ソ連国内価格」で提供されていた。これを「二国間貿易」として国際市場価格かつ代金支払いに転換。ウクライナ経済に打撃。ウクライナは対応できず。ガス債務が約31億ドルになった。

ウクライナの消費者はソ連時代の安価なガス料金に慣れており、ソ連解体後のガス輸入価格の国際化に対応できなかった。住民はソ連時代のような安い公共料金を望み、最大の輸出産業たる鉄鋼産業へも安価な天然ガス供給が政治的に求められていた。

つまり、選挙での集票と利益団体からの圧力により、政府はガス料金引き上げをためらい、結果として価格転嫁が遅れ、以前の消費構造は維持され続けたのである。（アジア経済研究所2

０２２年６月「混沌のウクライナと世界２０２２」第６回　ウクライナの「中立」は買えた――ロシア天然資源外交の興亡　藤森信吉）

ウクライナにとってエネルギー供給体制の構築は、社会主義経済から自由主義経済に移行し、経済をゼロからテイクオフさせる最初の一歩である。ここでウクライナは「悪手」を打った。私はそう考える。

貿易を促進するために通貨統合や関税の相互引き下げなど「多国間の自由貿易協定」に参加することは、ＥＣ（欧州共同体）やＮＡＦＴＡ（北米自由貿易協定。１９９２年）など、当時の国際社会では珍しいことではなかった。むしろ国際潮流だった。

まして国家存亡の基礎であるエネルギー源の輸入先との間なら、自由貿易圏に参加することは、決して悪い取引ではない。そちらのほうが「お得」だ。

また中国と日本、米国のように、政治的には対立しても、経済では相互に利益をとる「政経分離」政策を選択する選択肢も、国際社会では普通にある。

しかしウクライナは「ロシアからの離脱」という政治面を経済的な利得より優先した。これはなぜなのか。

〈クラフチェンコ・ベラルーシ外相〉

クラクチェフ（ウクライナ大統領）は（１９９１年12月のベロヴェーシ会談で）上機嫌でした。なにしろ、その前の週に当選したばかりで、70％の票が彼に集まったのですから。

クラクチェフにとって前途は洋々としたもので、迫りくる経済危機のことなど、彼の頭にはありませんでした。ウクライナの工場がロシアから電力やガスを輸入しなければならないことも、忘れてしまっていたのでしょう。

彼はまったく浮かれてしまっていて「いかなる同盟も望まない」「いかなる統合にも反対だ」と主張するばかりでした。

（前掲ＮＨＫ「証言でつづる現代史〜こうしてソ連邦は崩壊した」）

クラクチェフ・ウクライナ初代大統領は長くソ連共産党エリートだった。「ロシアと政治的には距離を取りつつ、経済的には実をとる政策」という選択肢はあった。経済と政治を分離する「政経分離」の発想がクラクチェフにはなかったのもしれない。

１９９０年代はウクライナ民族主義政策を取らず

では１９９０年代のウクライナは、ロシアを警戒するあまりＣＩＳ構想に反対したのか。そうでもない。

当時のウクライナはむしろ、ロシアとの対決を明確にするような国内政策を控えている。

そもそも政府は「ウクライナ民族」の定義を明確にしていない。

ウクライナ国籍は、国内に居住する旧ソ連市民なら、希望者には無条件で付与された。ウクライナ語の使用を強制することもしなかった。公的空間ではロシア語の使用がそのまま残った。2言語併用である。

2000年代にロシアとの対立点になる「ウクライナ蜂起軍」（OUN／UPA）やその指導者であるステパン・バンデラを名誉回復・英雄視などもしていない。つまりウクライナ民族主義に傾斜した政策を避けた。ロシアを刺激するような政策を注意深く避けている。

ポーランドなど欧州文化圏の影響が強いウクライナ西部（首都キエフを含む）と、ロシア文化圏のロシア国境沿い東部（ドネツク、ルハンスクなど）の地域対立は表面化しなかった。

ポジティブに表現すると、ウクライナ国内では「多文化主義」が機能していた、と言える。後に起きる民族紛争や地域対立を、この時点では回避できた。

地域や言語による分裂や対立を回避できたということは「ウクライナ国民の統合」が機能していた、ということだ。

一方の当事者であるロシアも、国内の紛争・問題が多発してウクライナとの対決どころではなかった。経済もヨレヨレだった。ロシア側の動きを以下に記す。

1993年　モスクワ騒乱事件（エリツィン大統領・軍と反大統領議会・市民の武力衝突）連邦議会ビルに籠城する反エリツィン派を戦車が砲撃して排除。

1994年　チェチェンの分離独立をめぐる武力紛争始まる。

欧米とロシアの関係が悪化し始めた。欧米はロシアとの対抗策で、ウクライナ支援に傾斜する。前述の通り、ウクライナには旧ソ連時代の核兵器がまだ残っていた。その拡散を恐れるアメリカが経済援助を続け、ＩＭＦの融資も実施された。

1994年10月　カナダ・ウィニペグでＩＭＦ主催「ウクライナ経済再編パートナー会議」。Ｇ７に加え、債権国ロシア、トルクメニスタンが参加。ウクライナの債務再編に協力することを約束した。ウクライナのガス債務は、ロシアとの二国間紛争ではなく、アメリカをはじめＧ７やＩＭＦという国際機関を巻き込んだ国際問題に拡大した。

エリツィン大統領時代のロシアはウクライナにほとんど介入していない。ウクライナは軍事的には中立を保ち、欧米とロシアの間でバランスを取る（＝両方から妥協を引き出す）外交を展開。

1996年6月　ウクライナに残っていたソ連時代の核兵器の撤去完了。

言い方が悪くて恐縮だが、独立から約4年間、ウクライナは「ソ連から相続した遺産」である核兵器を切り売り（実際は引き渡し）することで、アメリカやＩＭＦからおカネをもらうことができた。しかし、核兵器撤去が完了してしまうと、「売るモノ」がなくなった。

ロシア・ウクライナ間で天然ガス代金と黒海基地をバーター

1997年5月　エリツィン・ロシア大統領がウクライナを訪問。

「友好・協力・パートナーシップ条約」調印。領土保全や国境不可侵を相互に確認。「敵対する条約の調印を控える」との条項が盛り込まれた。

同月「黒海艦隊分割協定」成立。ロシアは２０１７年までセバストポリを基地として利用。ウクライナの対ロ・ガス債務30億７４００万ドルをロシア側が棒引き。

この「黒海艦隊分割協定」は正式には「ウクライナ領におけるロシア連邦黒海艦隊分割および駐留に関連した相殺協定」という。

要するに、こういうことだ。
- ウクライナはロシア産パイプライン天然ガスの代金を払えない。
- ロシアは、そのガス代のツケ30億７４００万ドルをチャラにする。
- その見返りにウクライナは、クリミア半島・セバストポリ軍港の港湾設備を向こう20年間（１９９７年〜２０１７年）ロシアに貸す。５年延長が可能。
- ガス代とロシア黒海艦隊の基地賃借料をバーター。
- 艦隊はロシア81％：ウクライナ19％で分割。

奇想天外な取引である。「天然ガス代」と「領土内の軍事基地の使用」がバーターになった。例えていうなら、都市ガス代の支払いを溜めた家の庭を、ガス会社が駐車場がわりに使うような話だ。

ロシアにも利得はあった。ロシア側にすれば「自分たちの黒海艦隊がウクライナ領内に合法的に駐留し続ける限り、ＮＡＴＯはウクライナを加盟国にできない」と解釈した。

ウクライナは経済が脆弱
←
ロシアの天然ガスにエネルギーを依存
←
ガス代金を払うカネがない
←
ロシアはウクライナ領内の軍事基地を使い続けさせろと要求
←
ウクライナが欧米主導の軍事同盟（ＮＡＴＯ）に参加することを防止できる

ここですでに２０１４年・２０２２年のウクライナ戦争で最大の紛争点になる「黒海艦隊」「その母港・セバストポリ海軍基地」「その所在地であるクリミア半島」が顔を出している。つまりロシアとウクライナの紛争点は、ソ連崩壊直後の１９９０年代当時からずっと変わらないことがわかる。一章で述べた通り、ロシアというランドパワーにとって、黒海〜クリミア半島〜セバストポリは、世界で３つしかない外洋への出入り口だからだ。

よく見ると、１９９０年代すでに、今日のロシア・ウクライナの紛争点と、主要なアクター（登場人物）は揃っているのでまとめておこう。

●天然ガス代金支払い遅滞が慢性的な紛争化。

・エネルギー問題と核兵器・黒海基地など安全保障問題がリンクしている。
・ウクライナ・ロシアの二国間問題がアメリカやEU、国際機関が介入する国際問題化。

泥沼の「離婚劇」がついに武力衝突に

ロシアとウクライナの関係は「夫婦の離婚」によく例えられる。ソ連の解体はユーゴスラビアのような悲惨な武力衝突を回避できたので「文明的な離婚」と国際社会は高く評価した。

ところが、そのあと夫婦時代に築いた「財産」（天然ガス、核兵器、軍事基地など）をどう「分与」するかで、泥沼の争いが32年間延々と続いている。その帰結が第一次・第二次ウクライナ戦争という暴力＝「殺し合い」である。

1997年　NATO「特権的パートナーシップ協定」に参加。
2000年　エリツィンに代わってプーチン大統領が就任。
2001年　9・11同時多発テロ　「テロとの戦い」で米露が一致。米露関係改善。
2002年　ウクライナがNATO加盟希望を公式に表明。
2000年代　ロシア経済復活。ウクライナ市民革命。一方、ウクライナは西側との軍事同盟（NATO参加）に進んでいく。

図表11　原油価格推移(年次)

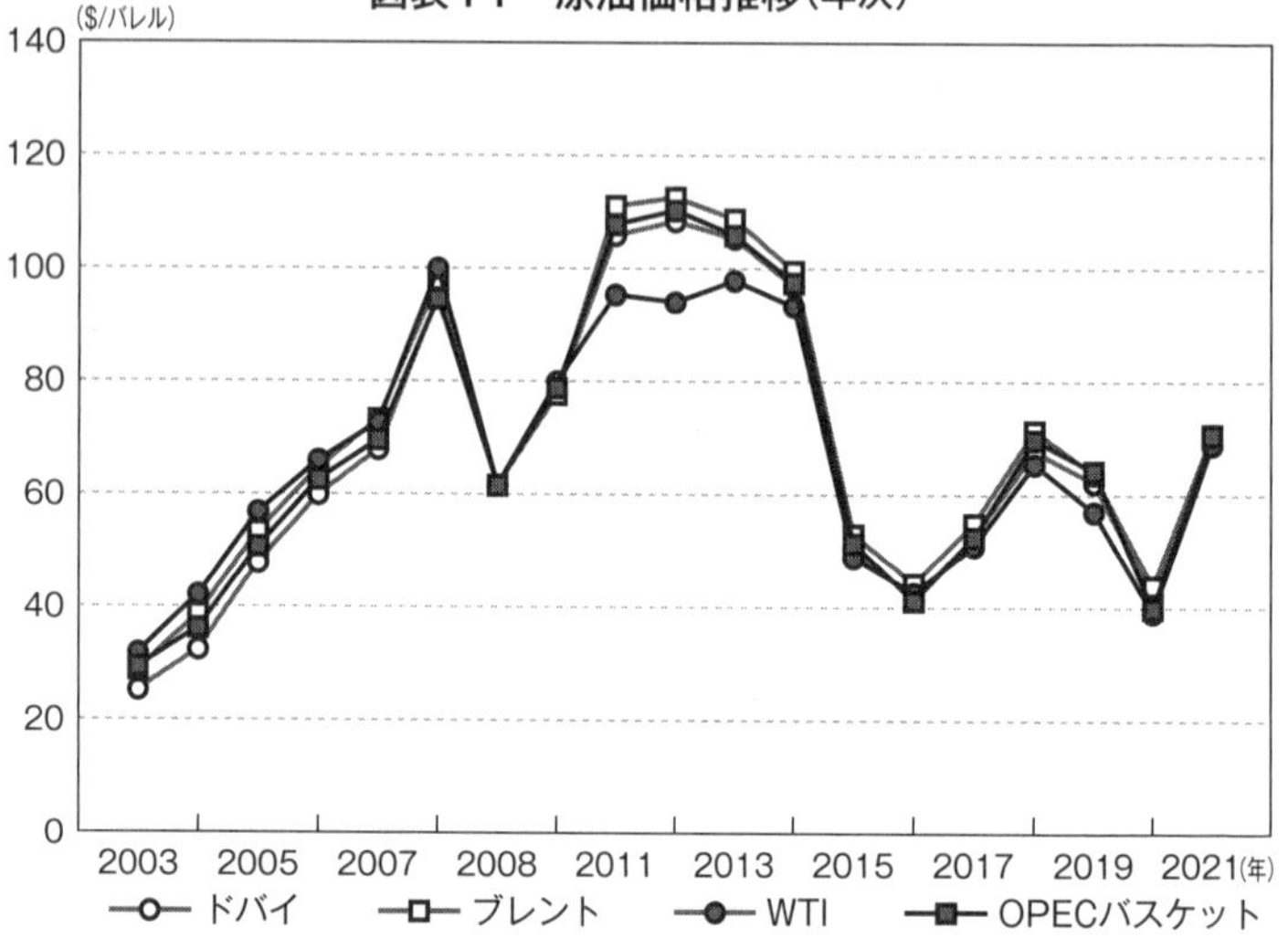

出所:「新電力ネット」コモディティ価格より

この時期、ウクライナ・ロシア関係は、一種の「無風」時代である。特に2001年に9・11同時多発テロが起き、そのあとアメリカがアフガニスタン・イラクに軍事侵攻したことで、国際社会の風景が激変してしまった。

ロシアはアメリカ軍に領内の空軍基地を提供、領空の軍事飛行を許可するなど、アメリカに協調した。米露の緊張状態が一瞬和らいだ。

その一方でロシアは国力を回復し始めた。

9・11テロとアフガニスタン・イラク戦争でエネルギー価格（石油、天然ガスなど）が高騰、エネルギー資源輸出国であるロシアの財布が潤い始めた。

図表11は2003年以降の原油価格である。

図表12に、ロシアの国民一人あたり実質GDP（ルーブル換算）を示す。

西暦2000年を越えるあたりからロシアの

図表12　ロシアの一人あたりの実質GDP(自国通貨)の推移(1980～2022年)

出所:「世界経済のネタ帳」より

経済成長が始まり、約1・5倍に伸びている。これは原油価格の上昇と動きがシンクロしている。

ロシアが経済力を回復したことは、ウクライナとの交渉においてバーゲニング・パワーを得たことを意味する。

この時期のロシアはウクライナのEU加盟に反対どころか、むしろ自国の国益にかなうとして歓迎していた。一方、欧米との軍事同盟であるNATO加盟には一貫して反対している。

ウクライナ:ワイロと寡占支配はびこる

ウクライナ経済は停滞したままである。前に書いたように、庶民は都市部中心の職場近くの家賃が払えず、片道1時間半かけて通勤する。所得は増えない。一方で、ガス代が高騰して暖房費が上がる。生産コストも上昇するので、物価が上がる。

病院や学校など、行政機構の末端まで公務員のワイロやコネ主義が横行している。

産業が生む富のおよそ半分は、少数の富裕な経営者（オリガルヒ）が持っていってしまう。働けど働けど、国民に所得が分配されない。

これでは市民の不満が蓄積しないほうがおかしい。

社会主義時代、ウクライナの生産・流通システムはすべて国有財産だった。その経済システムが崩壊した時、国有財産である「資本」（生産設備や商品、流通、輸送手段、金銭など）をこっそり買い集めた人たちが「オリガルヒ」だ（第四章で詳説）。

「法の支配」が徹底した資本主義国なら、国有（公有）財産を民間に売る時は「公開入札」をする。「国有財産を売り出しますよ」と公知して、購入希望者を募集し、購入希望価格を提示させ、競争させる。高い価格を提示（入札）した者が「落札」する。公有財産を高く売ったほうが、政府の収入が増えるので公共の利益にかなう。

役人が公有財産をコネでこっそり売ると法律違反になり刑罰を受ける。日本の場合「入札談合等関与行為防止法」違反。法定刑は5年以下の懲役または250万円以下の罰金だ。

市民にとっては、ソ連時代の「上級国民」がそのまま支配層に横滑りしただけだった。

私は、第二次ウクライナ戦争で日本に避難してきたキエフに住んでいた主婦に話を聞いたことがある。「この国は誰が政治家になってもダメね」と嘆いていた。

そんな国民の生活への不満は、ウクライナ政府への抗議として爆発した。２００４年と２０１４年の2回、ウクライナでは「革命」と呼ばれる大規模な市民の抗議が起きている。

どちらも首都キエフ中心部の広場（マイダン）に市民が抗議のために集まったことが始まりなのだが、大きな違いがある。

２００４年（オレンジ革命）は市民・政府とも穏健で、警察・軍の導入もなかった。死傷者も出ていない。ところが２０１４年（マイダン革命）は市民と警察が衝突。銃撃戦が始まり、１００人以上の市民と警察官が死んだ。

オレンジ革命は、２００４年11月21日の大統領選選挙で、親欧米路線を掲げるヴィクトル・ユシチェンコ候補と、東部ドンバス出身の親露派ヴィクトル・ヤヌコビッチが対決した。当初はヤヌコビッチの当選が報じられたが、不正選挙の疑惑が浮上。首都キエフの独立広場（マイダン）に数十万人のユシチェンコ支持者が集まって抗議した。

この時の抗議活動は「お祭り」のような様子で、暴動や暴力・破壊行為が起きなかった。警察や軍隊の介入もなかった。ちなみに「オレンジ革命」のオレンジはユシチェンコ陣営のシンボルカラーである。

解決も理性的だった。現職のクチマ大統領、ユシチェンコ・ヤヌコビッチ両候補に加えて、隣国ポーランド大統領らの調停団が参加して円卓会議が開かれた。話し合いの結果、同年12月26日にやりなおし大統領選挙が実施された。8％の差でユシチェンコが当選した。

ユシチェンコ政権は反露・民族主義に傾斜

こうしてユシチェンコ政権（2005～2010年）が誕生した。ユシチェンコは、ソ連時代は銀行員だった。独立後の1993年から99年にウクライナ国立銀行理事長。任期中はインフレ回避のため通貨発行の抑制に努め、IMFなど国際社会からは高い評価を受ける。

こうした金融エリートであるユシチェンコには経済の立て直しに期待が集まった。選挙スローガンも「オリガルヒ排除」「腐敗一掃」である。

ところが、蓋を開けてみると、ユシチェンコ政権は政治・経済を支配するオリガルヒとの妥協に転向。経済は相変わらずヨレヨレのままだった。ソ連時代を100とすると、同政権時代は「やや持ち直したが、また下がった」で60～70をウロウロしている。

「脱露入欧」路線をはじめて明確に打ち出したのもユシチェンコ政権である。「ヨーロッパ・大西洋統合路線」を推進し、2008年のNATO・ブカレストサミットでウクライナが将来的な加盟国となることを宣言した。

ウクライナ語の公用語化推進や反露外交、ウクライナ文化中心（セントリック）主義に舵を切った。1930年代の「大飢饉」をソ連によるウクライナへの「人為的な飢餓」＝民族虐殺＝

「ホロモドール」であると批判した。

またユシチェンコ政権は2010年、第二次世界大戦中に「ウクライナ蜂起軍」（OUN／UPA）を指導したウクライナ民族主義者ステパン・バンデラに「ウクライナ英雄」称号を授与し、名誉回復した。

しかし前述した通り、UPAはポーランド系・ユダヤ系住民の虐殺を実行した「黒歴史」がある。またナチス・ドイツの侵攻当初は反ソ連でナチスに協力したため、ロシア政府は今も「ファシスト」「ナチス協力者」「反ソ主義者」と敵視している。

結局、国内外のユダヤ系社会、ポーランドからの反発を受けて、バンデラの名誉回復は訴訟で争われた。裁判所は「バンデラは亡命したのでウクライナ市民ではない」という理由で、英雄称号を取り消す判決を出した。

脱露政策の中でも、特にロシアの国益を直撃したのは、1997年に天然ガス債務とのバーターで25年間の使用を認めたクリミア半島・セバストポリのロシア海軍基地を「2017年で退去せよ」と宣言したことだ。1997年の合意では、5年間の延長ができることになっていた。その合意を反故にしたのである（→2010年にガス紛争のすえヤヌコビッチ政権が反転させた）。

近隣の外国を敵視し「わが国がうまく行かないのは、外国のせいだ」と責任転嫁するのは、内政の運営に失敗した為政者の常套手段である。国民の不満が自分に向かうことを逸らせ、世論の支持を得ることができるからだ。ユシチェンコもその例に漏れないと私は考える。

反発したロシアとの「ガス紛争」始まる

ユシチェンコ政権の脱露路線に反発したロシアは、天然ガスの価格交渉で報復した。それが3回にわたる「ガス紛争」である。

〈2005～2006年　第一次ガス紛争〉

2005年4月、天然ガスの供給元であるロシア・ガスプロム社とウクライナ政府が契約更改の交渉に入った。ロシア側は現行50ドル→160ドル→230ドルへと大幅な値上げを要求（単位は1000立方メートルあたり）。

ウクライナ側は拒否。2006年1月、ロシア側はついにウクライナ向けのガスの供給停止に踏み切った。

話がややこしいのは、ウクライナ向けのガス供給は、その西側にあるEU諸国と同じパイプラインを通っていることだ。

ウクライナ向けのガス供給を停止したせいで、ルーマニア、ブルガリア、スロベニアなどへのガス供給まで止まった。ときあたかも厳寒期である。大混乱に陥った。

実際にはロシア側はEU諸国向け供給量からウクライナ分30％を削減して天然ガスを送り続けた。しかし、ウクライナが無視してガス取得を続けたため、その西側の国でガス圧が低下した。

結局、２００６年１月４日に95ドルの価格設定で交渉が決着。ロシア側が供給を再開。紛争はいったんおさまった。

ガス紛争はウクライナの内政に打撃を与えた。２００６年２月、ウクライナ議会はガス紛争で政府の対応に問題があったと内閣不信任案を賛成多数で採択。政権は危機に陥り、ユシチェンコ大統領がモスクワを訪問してロシアと「新たなパートナーシップを結ぶ」ことを確認。翌月のウクライナ議会総選挙で、ユシチェンコ政権与党は第３位に転落。ロシアとの関係強化を主張する野党が大幅に議席を伸ばした。

〈２００８年　第二次ガス紛争〉

２００８年２月、露ガスプロム社は「ウクライナがガス代金約15億ドルを滞納している」と主張。供給停止を警告した。両国首脳が交渉し、ウクライナ側が料金の支払いに応じたものの、今度はロシア側が２００８年１月・２月分の６億ドルの追加支払いを要求。ウクライナ側は「ガス供給体制の見直し」を要求、交渉は暗礁に乗り上げた。

２００８年３月３日、ガスプロム社はガス供給の25％削減。当日夜に10％の追加削減に踏み切った。ウクライナ側はガスの備蓄を取り崩して対応。２００６年のような欧州全体への影響はかろうじて回避できた。

NATO加盟宣言したジョージアにロシア軍事介入

ここまで2008年春の時点で、ロシアがウクライナはじめ旧ソ連国の脱露入欧政策を敵視し、報復する可能性は明白になっていた。

そんな最中の2008年4月、ルーマニアの首都ブカレストでNATO首脳会議が開かれた。ウクライナとジョージアが将来的にNATO加盟国となることを宣言した。これにはドイツやフランスが「時期尚早」「ロシアを不必要に刺激する」と異論を唱えた。

すると4ヶ月後の2008年8月、ロシア軍がジョージアの分離独立運動に軍事介入。武力侵攻してジョージア・ロシア戦争が起こった。

悪いことは重なる。翌月の2008年9月、米国の投資銀行リーマン・ブラザースの破綻を端緒とするリーマンショックが世界に波及した。ウクライナの主力輸出品である鉄鋼製品価格は下落。投資は冷え込み、外国資本が引き上げた。翌年の2009年のウクライナのGDPは14・8%マイナスという破局的な低下だった。この時点ですでにユシチェンコ政権はヨレヨレだった。そこに第三次ガス紛争が起きて止めを刺した。

〈2009年　第三次ガス紛争〉

2008年12月、露ガスプロムが「ウクライナ側のガス滞納料金は罰金を含めて約21億ドル」

「全額返済しなければ1月1日からガスを止める」と警告。ウクライナ側は「罰金を除く滞納分に相当する約15億ドルを返済した」と主張した。

両国の交渉では、罰金の6億ドルの返済時期を含め、合意できず。2009年1月1日、ウクライナへのガス供給が停止された。同6日には、ブルガリア、ギリシャ、トルコ、マケドニアへの供給も停止された。

2009年1月18日、ロシアのプーチン首相とウクライナのユリア・ティモシェンコ首相（ガス産業経営者出身）が会談。「2009年度のガス供給価格は20％割引。2010年度以降はヨーロッパ諸国と同じ価格を支払う」ことで合意。紛争は終息した。（注：ウクライナには大統領と首相がいる。大統領は国民の直接選挙で選ばれ任期5年。主に外政を担当。首相は議会の多数派から出る。任期4年。主に内政を担当）

ガス代オマケと引き換えに黒海艦隊駐留25年延長

時同じくして、オレンジ革命の末ユシチェンコに負けた親露派のヤヌコビッチが大統領に当選。雪辱を果たした。「脱露入欧」路線でロシアの報復に遭い、ボロボロにされたユシチェンコ政権を見て、民意が180度反転したといえる。

もともと親露派だったヤヌコビッチ政権がその後親露路線を歩んだのは、自然の流れといえるだろう。
ヤヌコビッチ政権の対露外交の最初の仕事は「ロシアがガス債務をオマケする引き換えに、ウクライナはロシア黒海艦隊の駐留を25年間延長する」という合意だ。１９９７年の相殺協定に続く、またしても奇想天外なバーター取引だ。

２０１０年２月　ヤヌコビッチ大統領就任。
２０１０年４月　ロシアのハリコフで両国が「ハリコフ合意」。ウクライナがクリミア半島・セバストポリでのロシア黒海艦隊の駐留期限を２０１７→２０４２年に延長。見返りに、ロシアはウクライナ向けガス代金を割り引く。前ユシチェンコ時代の「ロシア海軍基地借用は２０１７年で打ち切り」をひっくり返した。さらに２０１１年10月、ウクライナがロシア主導のＣＩＳ自由貿易条約に参加。

一方、露ガスプロム社へのウクライナの支払い価格はますます値上がりした。

２０１０年６月　２３４ドル
２０１１年８月　３５０ドル
２０１１年11月　４００ドル
２０１３年１月　４３０ドル
（単位：１０００立方メートルあたり）

ヤヌコビッチ政権は国内のガス供給価格を抑えるために補助金を出す政策を始めた。「ガスをロシアから高く買って国内に安く売る」政策である。補助金の分だけ政府支出が増え、財政は悪化した。

理由は2つある。ひとつには、民衆の生活費を直撃するから。もうひとつは、自らの政治基盤である東部ドンバスの石炭・鉄鋼業産業がガス代値上げの直撃を受けるからだ。しかし、ウクライナ経済の弱体化を食い止めるには「焼け石に水」だった。この時期、ソ連時代の60％前後に低迷したのは前述の通りだ。

ウクライナを迂回する新パイプラインがロシアとEUを直結

そしてウクライナにとって劇的な国際環境の変化が訪れる。同国を迂回してＥＵにロシア産天然ガスを送るパイプライン「ノルドストリーム１」が２０１１年11月に開通したのだ。

さらに２０２１年６～９月には「ノルドストリーム２」が完成した。

"Nord Stream"は"North Stream"を意味するドイツ語である。どちらもバルト海の海底を通っている。（注：２０２２年2月の第二次ウクライナ戦争勃発を受けて、ドイツはノルドストリーム２の稼働を停止した）

ノルドストリームは、ロシア・ウクライナ間の紛争でＥＵへの天然ガス輸出が不安定化することを回避するため、ロシアとドイツ（ＥＵ）の利害が一致した結果、建設された。

ウクライナは反対した。意図的かどうかは別として、ウクライナにすれば、ロシアからガス供給を受け、代金が支払えなくなるたびに、西側でパイプラインに接続されているEU加盟国を「巻き込む」ことができた。ウクライナのガス代支払いがウクライナ・ロシアの二国間問題ではなく、EUを巻き込んだ国際問題になった。

ウクライナがガス代金を払えないと、以西のEU諸国もエネルギー源が止まる。ある意味ウクライナは「生殺与奪」のポジションにいたことになる。つまりロシアと交渉する時の「味方」「応援団」ができる。

ノルドストリームの完成は、このウクライナのバーゲニング・ポジションが失われることを意味する。特にノルドストリーム2に「ヨーロッパの安全保障を脅かす」と主張して反対した。

アメリカも噛み付いた。「ノルドストリームはドイツを含むNATO加盟国へのロシア影響力を強める」と批判。2018年7月、トランプ大統領はNATO事務総長との朝食会の場でノルドストリーム2計画について「アメリカがドイツを守るために数十億ドルも払っているというのに、ドイツはロシアに（ガス代として）数十億ドルを支払っている」と発言した。アメリカは連邦議会や国防総省も批判している。

第二次ウクライナ戦争中の2022年9月26日、「ノルドストリーム1」と「ノルドストリーム2」が複数回の水中爆発によって破損し、大量のメタンガスが漏れ出した。

デンマークの警察は「強力な爆発」により、ノルドストリーム1と、より新しいノルドストリーム2に計4つの穴が開いたとしている。事故ではなく人為的な爆破＝破壊工作であることで衆目は一致している。しかしウクライナ・ロシア政府とも関与を強く否定した。

米紙「ワシントン・ポスト」は「米中央情報局（ＣＩＡ）は昨年6月、欧州情報機関を通じ、『6人で構成するウクライナの特殊作戦部隊がノルドストリームを爆破することを計画している』という情報を入手していた」と報じている（２０２３年6月7日付　ロイター社ウエブ版より）。「1」は点検のため稼働していなかった。「2」も第二次ウクライナ戦争の勃発によって稼働を中止していた。

ノルドストリームは、ロシアが欧州に天然ガスを売って利益を得るための「商品の輸送ルート」である。そこにはウクライナとの戦争継続の戦費も含まれる。ロシアが自ら破壊する動機は乏しい。動機があるとするなら、ロシアを経済的に追い込んで戦争継続を困難にしたいウクライナ側にある。

脱露入欧からウクライナ中心主義へ傾斜

マイダン革命から第一次ウクライナ戦争へ至るエスカレーションの最初のドミノを倒したのは、２０１３年11月、ヤヌコビッチ大統領が「ＥＵとの連合協定を棚上げする」と発表したことだった。これはウクライナの「脱露入欧」を警戒するロシアの意向に沿う内容であり、ロシア側は見返りに天然ガスの値下げとウクライナ国債150億ドル分の引き受け（＝お金を貸すこと）を提供するはずだった。この「EU参加はいったん見送り」が国民の憤激を買った。いつまで経っても変わらない政府・行政のワイロ・コネ体質や、オリガルヒ支配への「劇薬」として、EU加盟の条件である「法の支配」などの国内改革（コペンハーゲン基準）に国民の期待が集まっていたからだ。

加えて、首都キエフ以西のウクライナ西部では、第三次産業（IT、金融などサービス産業）が勃興していた。EU基準の経済が発展することは、西部住民の経済的な希望にも合致していた。この住民の就業構造の違いは、第二次産業（石炭・鉄鋼業）中心の東部（分離を主張するドンバス2州など）住民との利害の差にもつながっている。

ヤヌコビッチ政権は2013年11月の欧州連合（EU）の東方パートナーシップ・サミット直前になって、EUとの連合協定交渉を棚上げした。その背景には、デフォルトも懸念される深刻な経済状況があり、政権としては欧州統合という未来の夢はひとまず先送りして、目先の「冬を越す」ために、やむをえずロシアとの接近を図った格好だった。だが、国民はその決定だけではなく、ヤヌコビッチ政権自体にノーを突きつけることになる。2014年2月にヤヌコビッチ政権は崩壊し、ウクライナはEUとの連合協定を締結、EUとの関係を軸とした新たな経済発展の道を目指すことになった。

（『ウクライナを知るための65章』〈明石書店〉第53章　服部倫卓「ウクライナ経済の軌跡」）

こうして、親露派のヤヌコビッチ政権が崩壊して以降のウクライナ政権は「脱露」からより先鋭化して「反露＋ウクライナ・セントリック」へと傾斜していく。クリミア半島や東部2州にロシアが軍事介入、国内で戦闘が続くという現実が出現している以上、世論が憤激するのは当然と言わざるを得ない。

2014年5月　大統領選挙でペトロ・ポロシェンコ当選。6月就任。

ポロシェンコ自身、お菓子メーカー「ロシェン」のオーナーであり、資産16億ドルと言われるオリガルヒの一人だ。ニックネームは「チョコレート王」。ユシチェンコ政権で外相、ヤヌコビッチ政権で経済発展・貿易相を経験している。

ポロシェンコ政権は当初から難題を抱えて出発した。2014年4月以来、東部2州の分離独立派を支援してロシアが軍事介入、ウクライナ政府軍との間で戦闘が続いていたからだ。

2014年9月　第1回ミンスク合意＝ミンスク1。ウクライナ・ロシア・ドネツク・ルハンスクがドンバス地域での戦闘停止に合意。休戦は失敗。戦闘継続。

2015年2月　第2回ミンスク合意＝ミンスク2。フランスとドイツが仲介し2回目の停戦合意。ウクライナ軍と分離勢力軍の兵力引き離し。非武装地帯（ＤＭＺ）の設定。

念願のEU連合協定も輸出急増にならず

ポロシェンコ政権は2016年、念願のEUとの連合協定を締結し「DCFTA」(深化した包括的自由貿易圏)に参加。これはウクライナとEU間での関税の相互撤廃を目指すほか、ウクライナがEUモデルに沿って法律や規制を300近く構造改革することが義務付けられている。ところが、EUとの自由貿易圏協定を結んでもなお、ウクライナの対EU輸出は微増にとどまり、急増させる効果は出なかった。それどころか、第一次ウクライナ戦争の結果、またしても経済に大打撃を食らった。

クリミア半島を喪失＝GDP4％を失う

ドンバスの石炭・鉄鋼産業を分離派が占領＝GDP10％を失う

その結果、為替相場が下落。

2014年年初 1ドル＝7・99グリブナ → 2015年末：24グリブナ(通貨価値3分の1)。経済成長2年連続マイナス。

2014年 マイナス6・6％ → 2015年：マイナス9・8％

と坂道を転げ落ちるような急降下である。ウクライナ国債デフォルト宣言の危機が目前に迫っていた。デフォルトとは「借金返せません宣言」＝国家破綻である。かろうじて回避できたのは、ミンスク2の停戦合意の1ヶ月後にＩＭＦや世界銀行が支援プログラムを実施したからだ。

2015年3月　ＩＭＦが4年間で総額175億ドルの支援プログラム実施。世界銀行、日本も協調的支援。

ウクライナ、ロシア産天然ガス依存から脱却

一方、第一次ウクライナ戦争を境に、長年ウクライナの足かせとなっていたロシアからの天然ガス輸入は、2016年にほぼゼロになった。ロシアがＥＵ諸国に輸出した天然ガスをＥＵから買う「逆送（リバース）輸入」（実際にパイプライン内のガスを逆方向に走らせるためこの名がついた）に切り替えたのだ。

ここで、ロシア・ウクライナ関係に重大な変化が起きたことがわかる。ロシアにすれば「天然ガスを止める・値上げする」とウクライナを恫喝して屈服させることができなくなった。加えて、前述のノルドストリームが完成しているから「ウクライナがゴネても平気。ＥＵに天然ガスを売ってお金を得ることができる」とロシアは考える。

一方、ウクライナにすれば「もうロシアに遠慮する必要はない」と考える。ウクライナのＥＵからの天然ガス輸入（＝ロシア産ガスからの脱却）は2013年ごろから増加しているので、2014年にロシアがクリミア半島と東部2州を軍事力で奪ったのは、天然ガスという交渉材料を失

った結果と考えることもできる。

「ロシアのくびき」から解放されたと感じたのか、ウクライナのロシアへの態度はますます敵対的になっていく。ロシアも報復して敵対合戦になった。

2015年5月　共産主義とナチスの賞賛を禁止する「脱共産主義法」発効。一方、前述のバンデラとウクライナ蜂起軍（UPA）は顕彰してもよいことになった。バンデラの誕生日には「たいまつ行進」が行われるようになった。

2015年10月　ウクライナ、ロシアとの間の航空便を全面禁止。

2016年1月　ロシアがウクライナ製品に関税を適用。CIS自由貿易協定違反。ウクライナも報復。対露貿易悪化。

2016年7月　キエフ市議会が同市の「モスクワ通り」を「ステパン・バンデラ通り」に改名。

2017年5月　ウクライナが対ロシア制裁。ロシア系ネットサービスやSNS使用禁止。ロシア政府系銀行ウクライナから撤退。

2017年7月　ストルテンベルグNATO事務総長との会談の記者会見で、ポロシェンコ大統領「ウクライナはNATO加盟の準備を再開し、2020年までに加盟基準を充足することを目指す」と表明。西側社会は驚愕。

ウクライナ世論、ＮＡＴＯ加盟支持増加。２０１４年：30〜40％ → ２０１７年６月：69％

２０１８年５月　ポロシェンコ大統領、ＣＩＳでの活動を停止する大統領令に署名。

２０１９年３月　大統領選。ポロシェンコ、ウォロディミル・ゼレンスキー、ユリヤ・ティモシェンコら44人が立候補する乱戦。１回目投票ではどの候補も単独過半数に届かなかった。

同年４月　１位のゼレンスキーと２位のポロシェンコの決選投票。ゼレンスキー73・22％の得票率で当選。ポロシェンコ敗退。

同年５月　ゼレンスキー大統領就任。

公共空間でのウクライナ語使用を義務化

ゼレンスキー大統領が就任する前後、ウクライナ議会は「国家語としてのウクライナ語の機能保障法」を可決。２０１９年６月に施行した。この法律は、次の活動領域でのウクライナ語の使用を義務付けた。

公的機関の業務。選挙手続き。政治運動や政党。ＮＧＯ。就学前・学校・大学教育。科学・文化・スポーツ活動。出版・印刷マスメディア・テレビ・ラジオ放送。経済および社会生活（商業広告、公共イベント）。病院および介護施設。

もともとロシア語話者であるゼレンスキーも、政治家への転身とともに講座を受講してウクライナ語を身につけた。

対抗して、ドネツク・ルハンスクの分離地域では２０２０年3月に「ロシア語が唯一の国語」として公認された。もともとウクライナ語とロシア語が併存する多文化社会だったウクライナは、ウクライナ文化優先の単一文化政策に舵を切った。

ウクライナ語は帝政ロシア・ソ連時代とも抑圧されてきた。独立後は2言語併存だった。ロシアとの武力衝突が始まり、親露地域が離脱する環境になって以後、ウクライナ語優先になった。

よく知られているように、ゼレンスキーは、元々は俳優・コメディアンだった。２０１５年に放送が始まったテレビドラマ「国民のしもべ」で、高校教師が、生徒がＳＮＳに投稿した演説がきっかけで大統領になるヴァシリ・ペトロヴィッチ・ゴロボロジコを演じて人気を博し、そのまま「国民のしもべ」を党名に政党を立ち上げて、２０１９年に本物の大統領になった。

ゼレンスキー大統領の当選には２つ意味があると思う。
①独立後30年を経ても汚職やオリガルヒ支配が一向になくならず、経済停滞に疲弊し切ったウクライナ国民にとって、政治家経験ゼロのゼレンスキーにむしろ「しがらみがない分、大胆な改革を断行してくれるかもしれない」という期待が集まった。
②テレビやインターネットが世論形成に大きな力を持つ「テレポリティクス」（テレビ政治）あるいは「ネットポリティクス」（ネット政治）の時代がウクライナにもやってきた。
図表13はウクライナのインターネット普及率（人口）である。だいたい２０１５年ごろに50％

図表13　ウクライナのインターネット普及率(人口)

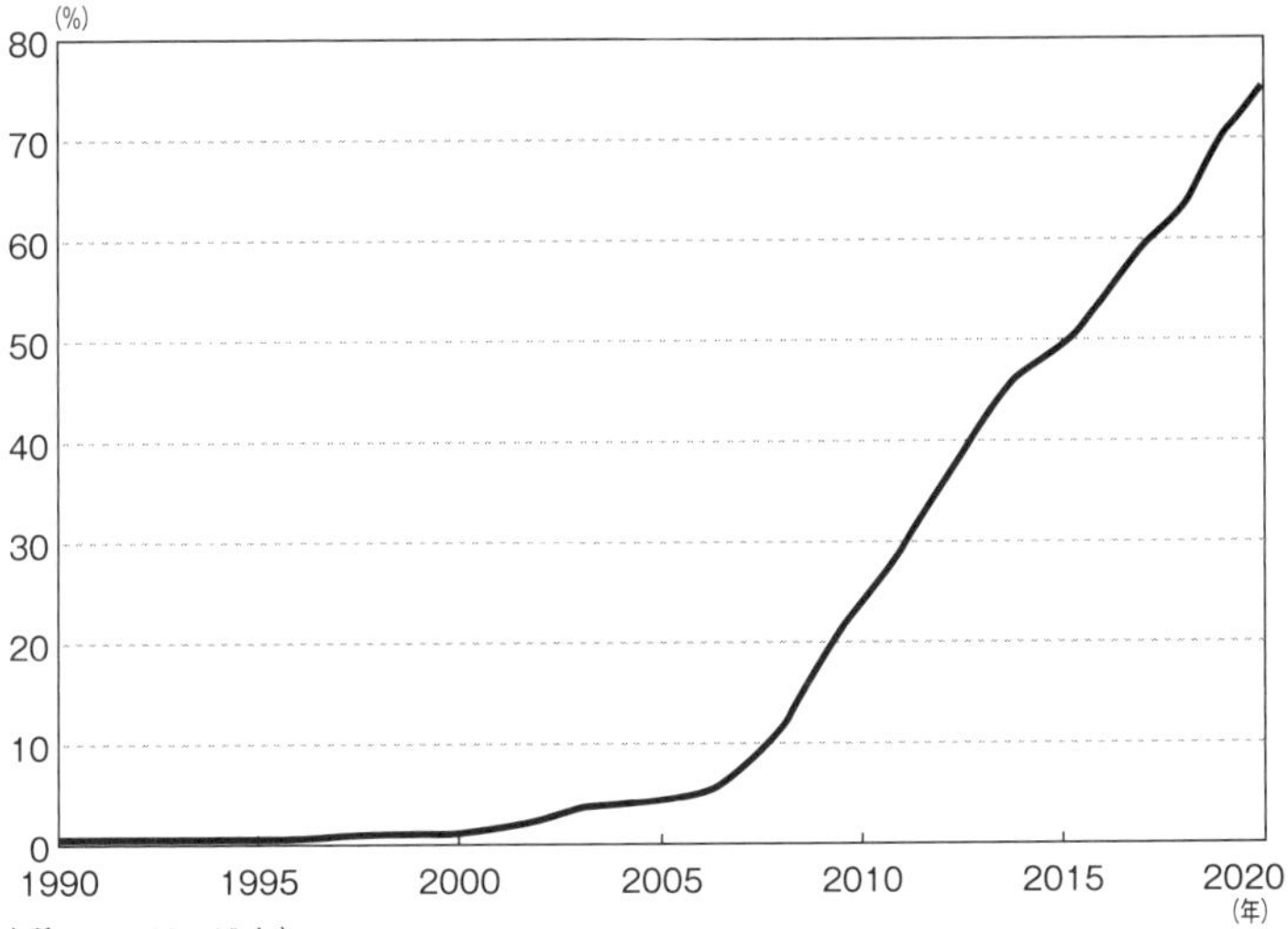

出所："World Bank" より

を超え、ネット使用者が少数派から多数派に転じたことがわかる（日本では1998〜2008年ごろに同じことが起きた）。ウクライナの携帯電話の普及率（人口：台数比）は2005年の時点で100％を超えている。

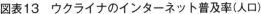

このネットと携帯電話の普及の推移という情報環境の変化を見ると、2004年→2014年の市民の抗議活動（オレンジ革命→マイダン革命）の動員数がはるかに多くなり、暴力的になったのか、理解しやすくなる。2004年はネット・携帯電話の普及前であり、2014年は普及後なのだ。マイダン革命ではフェイスブックが動員や議論のプラットフォームになったことが知られている。

マスメディア・スターであるゼレンスキーが国家指導者になり、ネット・SNS・携帯電話が市民運動を促進する。楽観的に形容すれば「ネット民主主義」の誕生である。悲観的にいえば欧米日のような「ネットポピュリズム政治」がウクライナにもやってきたということだ。

コロナでまた経済破綻寸前。ゼレンスキー隠し資産発覚

誕生したばかりのゼレンスキー政権にとって運の悪いことに、2020年ごろから世界をコロナ・パンデミックが襲った。2020年の経済成長率はマイナス3・8％に落ち込んだ。IMFは18ヶ月間で55億ドルの緊急支援を実施。ウクライナ経済はこの借金で一息つき、翌年は成長3・4％にやっと回復した。

ところが2021年10月3日「国際調査報道ジャーナリスト連合（ICIJ）」が「パンドラ文書」と呼ばれるタックスヘイブン（租税回避地）の秘密文書を公開。その中で、ゼレンスキーが大統領当選直前の2019年3月に、英領バージン諸島に登録されたペーパーカンパニーに資産を移転していたことが暴露された。この会社の株主がウクライナ政府の閣僚に登用されていることも明るみに出た。

「庶民の気持ちを代弁してくれる」と期待した国民の落胆は激しく、ゼレンスキー大統領の支持率は約20％にまで落ち込んだ。

その3ヶ月後の2022年2月24日、ロシア軍が攻め込んできた。この軍事侵攻がなければ、

ゼレンスキーも「腐敗したウクライナ政治家の一人」として歴史に消えていたかもしれない。

ウクライナのコロナによる死者は11万9000人。人口比で計算すると国民368人に1人が死んでいる。日本の死者は6万5937人。国民1906人に1人の割合だ。ウクライナは人口比で日本の約5倍がコロナで死んだ計算になる（死者数はいずれも2023年1月24日現在）。

第四章

ウクライナを食いものにしたオリガルヒたち

イゴール・コロモイスキー（2013年1月撮影。Wikipedia Creative Commonsより）

ソ連崩壊時、公有財産を奪い私物化

イゴール（イホール）・コロモイスキー。1963年2月13日生まれのウクライナ人。この名前を知っている日本人は滅多にいないだろう。

2022年2月に第二次ウクライナ戦争が始まってからの狂乱のようなマスコミ報道の中でも、コロモイスキーの名前を見ることはまずない。ウクライナを詳しく知ったつもりの人でも、コロモイスキーの名を知る人はほとんどいない。

しかし、このコロモイスキーこそ、ウクライナの政治・経済だけでなく軍事まで左右した、オリガルヒの「大物」なのだ。コロモイスキーの来歴をたどると、ウクライナが抱える政治・経済の停滞、腐敗、格差、貧困の根深さが見えてくる。

日本でオリガルヒは「ソ連崩壊後に勃興したロシアやウクライナの新興財閥」と、穏健な定義を与えられている。

しかし、コロモイスキーをはじめとするロシアやウクライナのオリガルヒは、そんな「善良」な存在ではない。欧米日のような「市場と法制度が発達した資本主義体制で、公平な自由競争の結果、富を得た人々」ではない。

コロモイスキーの場合、ウクライナ国民の預金や、ソ連時代の国有生産施設を私物化し、海外で資金洗浄して、自分の財産にしてしまった。そうやって億万長者になったのがオリガルヒなのだ。国民や政府の公有財産を奪い、私物化するのだから、一種の「公有財産泥棒」である。正当な税金など、納めない。「ソ連崩壊という社会主義→資本主義への転換期の混乱に乗じて、不正かつ不平等に富を集めた勢力」ともいえる。

「オリガルヒ」（ロシア語：Олига́рх　英語：oligarch）とはもともと「寡占資本家」「寡頭支配者」の意味である。

ソ連時代から、金融やエンジニアリングのテクノクラートとして、経営者マインドを持っていた「知性派」オリガルヒもいないことはないのだが、それはむしろ少数派。大半は「暴力団」「窃盗団」「詐欺師」に近い性格を持っている。

念のために断っておけば、オリガルヒの発生が早く、数が多いのはロシアである。

例えば、２０２３年6月23日、プーチン大統領に反旗を翻し、ロシア軍から離脱した民間軍事会社「ワグネル」で有名になった、その統帥エフゲニー・プリゴジン（１９６１年生まれ）はロシアのオリガルヒである。民間軍事会社のリーダーなのに、軍人出身ではない。レストランや高級ケータリング会社の経営者である。２０１４年の第一次ウクライナ戦争を機に民間軍事会社に転じた。

ソ連崩壊前年の１９９０年、出身地のサンクトペテルブルグで家族とホットドッグの販売チェーンを始めたのがビジネスの始まり。同級生と同市で最初の食料品チェーン「コントラスト」を創業。同市で最初のカジノを立て、さらにヴャトカ川に係留されていた廃船を改修して「ニューアイランド」という水上レストランを作って大ヒットさせた。ここでは、プーチン大統領とシラク・フランス大統領やブッシュ・米大統領との晩餐会が開かれた。

そうやって政府に食い込んだプリゴジンは学校給食を配膳する「コンコルド・ケータリング」を設立。ロシア軍に年間12億ドル相当の食事を提供する契約を結んだほか、クレムリンの宴会にも飲食物を提供している。これが「プーチンのシェフ」とあだ名される所以だ。日本語でいえば「政商」である。

戦闘員を派遣する「ワグネル・グループ」を設立したのは、第一次ウクライナ戦争が始まった２０１４年。ドンバスへの派兵のためだった。ウクライナだけではなく、シリア内戦、中央アフリカ、スーダン、リビアなどに政治・軍事顧問や傭兵として関与している。

後に詳しく述べるが、オリガルヒは巨大化すると、やがて財力にものを言わせて、軍や民兵出身者を「私兵」に雇い、疑似軍隊を組織するようになる。これはコロモイスキーもプリゴジンも同じだ。ロシア・ウクライナで合わせ鏡のように似ている。

どちらも後年に政府軍の正式な指揮命令系統に入り、正規軍に近い存在になった。日本語でそれに近い存在を探すとするなら、日中戦争前・中の中国に跋扈した「軍閥」（War Lord）に語感が近い。

ウクライナの歴代トップはオリガルヒが多数

オリガルヒの発生時期やマスメディアの注目度ではロシアのほうが先んじる。しかし、富の独占ぶりではウクライナのほうがひどい。

図表14　上位50人の富裕層が占める国富の割合

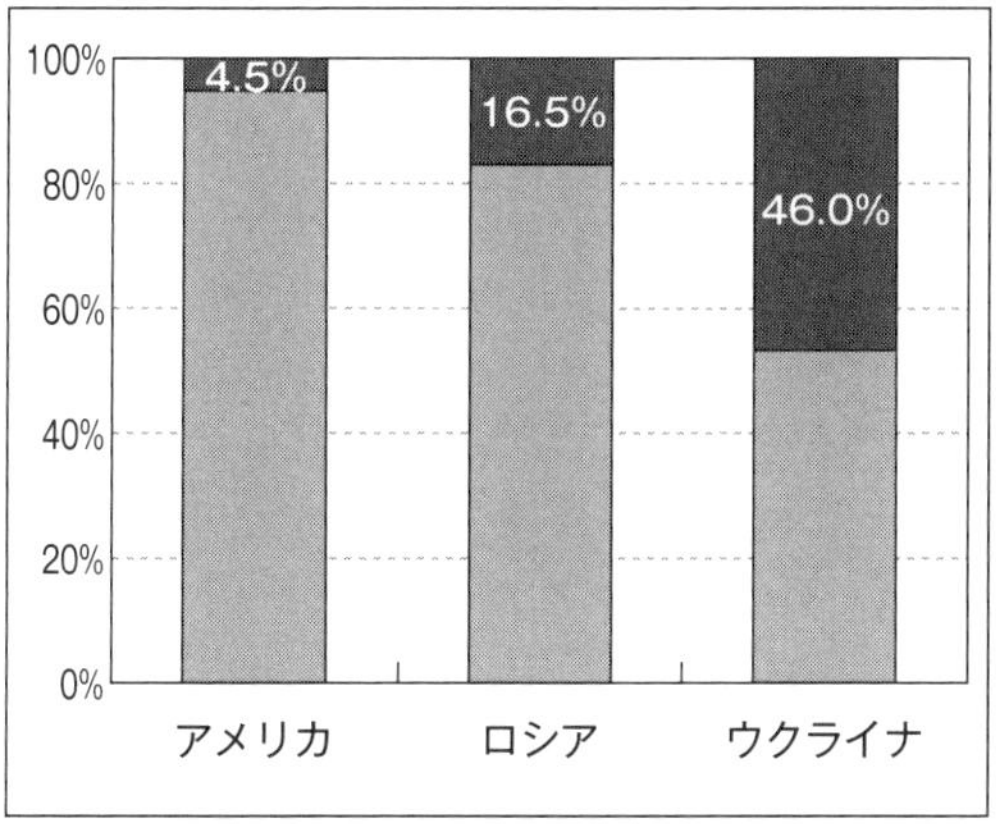

	2010年のGDP（10億米ドル）	上位50番の富裕層（10億米ドル）
アメリカ	14958.3	666.3(4.5%)
ロシア	1524.9	251.3(16.5%)
ウクライナ	136.4	62.7(46.0%)

出所："The Ukraina Weekly," 8 October 2014 より

次は「上位50人の資産家がGDPのどれぐらいを独占しているか」を示すデータである。ウクライナでは、なんとGDPの半分近くが50人の金持ちに独占されていることになる。そこにポロシェンコやコロモイスキーも含まれる。

アメリカ…4・5%
ロシア…16・5%
ウクライナ…46%

オリガルヒはその財力によって、国

政にも影響を及ぼすようになる。

ウクライナの例でいえば、ゼレンスキー大統領の前任者である、ポロシェンコ大統領（1965年生まれ。2014〜19年在任）は、製菓会社出身のオリガルヒである。カカオ豆の取引からビジネスを始め、1990年代に製菓会社「ロシェン・グループ」の成功で巨万の富を築き「チョコレート王」の異名を持つ。「ロシェン」は今や自動車・バス製造、造船会社やテレビ局を所有する一大コングロマリット。経済発展・貿易相や外務大臣を歴任して大統領になった。

ウクライナの女性首相だったユリア・ティモシェンコ（1960年生まれ。在任2005年1〜9月、2007〜2010年）は、違法ダビングしたビデオレンタルからビジネスを始め、レオニード・クチマ大統領（1994〜2005年在任）に接近して、石油製品・天然ガスなどエネルギー産業コングロマリットを築いた。「ガスの女王」というあだ名で呼ばれた。

しかし2011年8月、職権乱用事件の審理妨害で逮捕され、禁錮7年の有罪判決。この時の罪状は、温室効果ガスの排出取引で外国から得たカネを、環境対策ではなく、年金の穴埋めに流用したというもの（2014年釈放。親ロシア派大統領だったヤヌコビッチ大統領が政敵を失脚させるために仕掛けた政治的逮捕だという説も根強い）。

首相や大統領という最高権力者ですら、オリガルヒが就任している。その下の大臣・閣僚などは推して知るべしである。オリガルヒの周囲に地縁・血縁で群がる人々となると、数え上げることも大変だろう。

ＥＵやＩＭＦは、経済の行き詰まったウクライナが加盟や融資を申請するたびに交換条件として「汚職・腐敗の追放」や「法の支配」を要求し続けている。その意味するところはつまり「経済と政治を牛耳るオリガルヒをなんとかしろ」「法律で取り締まれ」である。

旧ソ連国は多くが泥棒政治国家

現在では、こうしたオリガルヒの影響が、ロシア・ウクライナなど旧ソ連の国内問題にとどまらず、国際問題にまで広がっている。「ワグネル」のように傭兵として戦争に関与したり、海外の資産を買い漁って資金洗浄に利用し始めたからだ。後述するように、トランプとバイデンのアメリカ大統領選挙（２０２０年）にまで陰に陽に介入している。

英語圏では、オリガルヒのように公有財産の窃盗や脱税で富と権力を築いた人物を「クレプトクラット」（Creptcrat＝直訳すると『泥棒支配者』）と呼ぶ。そういう人物が権力を握る体制を「クレプトクラシー」（Creptcracy＝泥棒政治体制）という。

汚職や政府腐敗などクレプトクラシーを監視する国際ＮＰＯ“Transparency International”が世界１８０ヶ国を対象に毎年公開している“Corruption Perceptions Index”（汚職認識指数）によ

ると「汚職・腐敗の少なさランキング」（100点満点）2022年版は次の通りだ。

1位：デンマーク＝90点

2位：フィンランド、ニュージーランド＝87点

4位：ノルウェー＝84点

5位：シンガポール＝83点

ウクライナは33点で116位。ロシアは28点で137位。60点で「合格」とすると、どちらも「落第」である。旧ソ連国はどこもこんなランキングだ。

ちなみに、わが日本は73点で18位。アメリカは67点で27位である。あまりたいしたことはない。

ウクライナの歴史や経済について調べてきた私には、どうしても得心がいかない点がひとつあった。ソ連崩壊・独立後32年を経ても、ウクライナが世界180ヶ国中118番目（国民一人あたりのGDP額）という世界最貧国のまま停滞している理由だ。

ヒトラーもほしがった肥沃な穀倉地帯であり、ソ連時代は石炭・製鉄やロケット・ミサイルの製造で、ウクライナはもっとも豊かな先進経済地域のひとつだったはずだ。

ところが石炭や鉄、穀物の生産施設は1970年代からほとんど更新がなされていない。ソ連時代に経済が停滞したのは社会主義体制の作用として考えればよい。

しかし、独立してもウクライナ経済が歩みを止めたままなのは、なぜなのか。国家破綻寸前な

のはなぜなのか。

納得の行く答えが見つからなかった。

たまたま、世界の政治腐敗・汚職について、文献・インターネット資料を渉猟していた時、アメリカ人ジャーナリストCasey Michelが書いた調査報道本“American Kleptocracy”（日本語訳「クレプトクラシー　資金洗浄の巨大な闇　世界最大のマネーロンダリング天国アメリカ」草思社）にぶつかった。そこでイゴール・コロモイスキーの名を知った。

というより、この本はコロモイスキーが主役のような本だ（もう一人はアフリカ・赤道ギニアの大統領の御曹司）。汚職と資金洗浄の詳細がきわめて具体的に記述されていた。

よって、以下の記述は（特記する以外は）同書に依拠していることをお断りしておく。

ウクライナ一の巨大銀行を創設

写真（本章扉）で見るイゴール・コロモイスキーは、白ひげ・白髪にメタルフレームの丸メガネでニコニコ笑っている。ソ連時代に子供に人気のあったアニメのライオンに似ているので「ベンヤ」というニックネームで呼ばれた。人懐っこく、善良そうなおじさんに見える。

旧ソ連・ドニエプロペトロフスク市（現在：ドニプロ市）の生まれ。ドニエプル川河岸の港湾工業都市である。1963年、エンジニアを両親に生まれた。家系はユダヤ系である。数学や物理・化学が得意で、地元大学では冶金工学を専攻した。

1990年代、ソ連崩壊前のペレストロイカの一環として経済の自由化が行われると、コロモイスキーは大学の友人とオフィス機器の会社を立ち上げた。モスクワとドニエプロペトロフスクを行き来しながら、ウクライナでオフィス機器を売った。これがビジネスの始まりだった。社会主義から資本主義に移行する時代、市民は「企業」を次々に立ち上げようとしていた。しかし、欠乏していたのが「開業資金」である。

そこに目をつけたコロモイスキーは、ウクライナ初の民間銀行"Privat Bank"(プリヴァトバンク=『民間銀行』の意味)を立ち上げた。

ビジネスモデルはシンプルである。ウクライナで一般市民から預金を集め、融資する。資本主義社会に生きる我々には当たり前の「銀行」なのだが、なにしろ70年以上「民間銀行」など存在したことのないウクライナである。それは画期的な「ベンチャー」だった。

プリヴァトバンクは急成長し、現在ではウクライナの小口預金の40%、銀行預金全体でも20%のシェアを持つ巨大銀行である。

庶民の小口預金で資金を得たコロモイスキーは、大学で専攻した冶金工学の知識をもとに、製鉄工場や金属加工会社、鉱山の買収を始めた。

独立後のウクライナの政権は安定せず、経済は低迷していた。政府はほかの旧ソ連国と同じ「大規模民営化」に踏み切った。

製鉄所やガス田などの国有企業の所有権を細分化し、保証する「私有化証券」（バウチャー）をウクライナの全国民に配布したのだ。つまりは「国が管理していた資産をバラして株券化した」のである。そしてそのバウチャーの売買や交換を許可した。

その結果、ウクライナや、ロシアなど旧ソ連国で、同じ現象が起きた。当時の国民は困窮していた。パンや水、食料品、衣類やウオッカといった生活必需品を手に入れるために、このバウチャーが売り買いされた。

少数の商才（資本主義に通じた人々）はこの「民営化」に便乗して、収益性の高い事業部門バウチャーを買い集め、所有権を手に入れた。これがオリガルヒの誕生である。

そこには、純粋に商才のある人々だけでなく、旧ソ連政府官僚（テクノクラート）、軍・ＫＧＢなど政府中枢に近い場所にいて、情報を手に入れやすい人々が多数混じっていた。つまりソ連時代の「階級構造」がそのまま温存されたともいえる。

「庶民」にすれば、そこにオリガルヒという新しい権力者が加わっただけである。

ゼレンスキー大統領の生みの親

コロモイスキーは、プリヴァトバンクで集めた預金を元手に、大手工場のバウチャーを買い集めた。

大学で専攻した冶金工学が役に立った。製鉄工場や金属加工会社を次々に手中に収め、西暦2000年ごろには、ウクライナ有数の鉄鋼王になった。

「プリヴァト・グループ」はコングロマリット化し、油田や天然ガス井の持株会社になった。前述のように、ウクライナはロシアからヨーロッパに天然ガスを輸送するパイプラインが通っている。エネルギー産業を手中に収めることは、ウクライナ経済の心臓部を掌握するのと同じだ。

90年代、製鉄工場や石油会社を買収していたころ、コロモイスキーは手法が粗暴なことで有名だった。

買収に応じない製鉄所があると、地元やくざを多数雇い入れ、バットやチェーンソーを持たせて殴り込みをかけた。管理者が警察に駆け込んでも、警官や裁判官はすでに買収済みで取り合ってくれない。

ライバルのロシア系石油会社の社員が朝、出社すると、ロビーに棺桶がずらりと並んでいる。「殺す」という脅しである。

コロモイスキーが座るオフィスの机の背後には5メートルもある巨大な水槽があって、サメが泳いでいた。コロモイスキーは交渉がうまくいかず、不機嫌になると、水槽のサメにカニやエビを投げ込み、サメがバラバラに食いちぎる様子を相手に見せたという。

潤沢な資金を持つコロモイスキーは、航空産業やメディア業界でも企業買収を進めた。

ウクライナの大手メディア会社「1+1」はコロモイスキーの所有である。テレビチャンネルを8つ持つ。

後述するが、この「1+1」が2015年〜2019年にかけて放送し、大ヒットしたコメディ・ドラマ「国民のしもべ」で、高校教師から意図せず大統領になる主役を演じたのが、コメディアン時代のウォロディミル・ゼレンスキーである。

2018年3月、ドラマのタイトルはそのまま中道政党「国民のしもべ」の名前になり、2019年にゼレンスキーは現職のポロシェンコを破って大統領に当選した。言うまでもなく、この選挙でゼレンスキーを支援したのがテレビ局「1+1」の所有者であるコロモイスキーだった。

2015年ごろから、コロモイスキーは現職大統領のポロシェンコと激しく対立していた。ポロシェンコ政権がオリガルヒの経済・政治支配を弱体化する法整備に取り掛かったからだ。当時はマイダン革命（2014年）で国民の不満が爆発した直後。クリミア半島はロシアに無血併合され、ドンバス2州（ドネツク・ルハンスク）で内戦が始まっていた（＝第一次ウクライナ戦争）。

国民の不満を鎮め、EUやIMFの支援を得るには「オリガルヒを排除せよ」という欧米の要求を満たさねばならない。欧米がいくらウクライナを支援しても、その援助金がオリガルヒの懐に入ってしまうからだ。

コロモイスキーは自分の財産と権力を守るために、ポロシェンコ大統領を追い落とす必要があった（ポロシェンコもれっきとしたオリガルヒなのだが）。そうした権力闘争から生まれたのがゼレンスキー大統領である。

もともとはコメディアン・俳優で、政治にも経済にも無縁、という点がコロモイスキーにとっては都合がよかった。ユダヤ系であることも共通している。

ゼレンスキー主演のドラマ「国民のしもべ」が放送開始されたのは、ポロシェンコ政権とコロモイスキーが死闘を繰り広げていた2015年であることを忘れてはならない。

つまりコロモイスキーは「ゼレンスキー大統領の生みの親」である。影から一国の最高権力者を左右する「キングメーカー」「闇将軍」といったところだろうか。

ゼレンスキーが大統領に当選した時、欧米諸国は「この男はオリガルヒのパペット（操り人形）ではないか」と疑いの目を向けた。

資金洗浄の舞台はアメリカ

オリガルヒの活動の国際化を述べるため、時計の針を少し戻す。

2008年、コロモイスキーは世界最大級のマンガン工場を買収。マンガンの流通を独占した。マンガンは乾電池やトランス（変圧器）の基幹素材であるほか、磁性体や肥料の原料になる。鉄鋼でも必須である。耐磨耗性、耐食性、靭性を加えるため、鉄鋼にマンガン分を添加する。電気・製鉄など近代工業に不可欠の金属がマンガンなのだ。

コロモイスキーはオーストラリア（マンガン産出量世界2位）、中国（同3位）でのマンガン採掘権を買い取った。数年のうちに、世界のマンガン取引の半分近くを掌握した。

オリガルヒの影響力が、旧ソ連国境を超えて世界に広がり始めたのである。

次に進出先になった国はアメリカだった。

アメリカに拠点を置くジャーナリストである前掲書の著者がコロモイスキーを詳しく調査している理由は、コロモイスキーがアメリカで匿名の企業登記をして、そこから工場やオフィスビル、高級住宅を買い漁って資金洗浄に利用したからだ。つまりウクライナの汚いカネがアメリカに流れ込んでいた。

「資金洗浄」とは“Money Laundering”（直訳すれば『カネの洗濯』）の訳語だ。原義は「汚いカネを洗濯してキレイにする」という意味だ。日本の警察庁の定義によると「犯罪によって得た収益を、その出所や真の所有者がわからないようにして、捜査機関等による収益の発見や検挙等を逃れようとする行為」を指す。

オリガルヒの場合、どこかの国が捜査で彼らを摘発し、財産を没収（罰金や賠償命令、差し押さえ、凍結など）したら、おカネが使えなくなる。海外に逃亡して身柄の拘束を免れても、財産が使えなくなったら、困る。逃亡が続かない。

そのために、オリガルヒの所有とはわからないよう、資産を隠しておく必要がある。

そのために、オリガルヒの会社とはわからない、経営者や株主の名前が公開されない匿名企業を形（ペーパーカンパニー）だけ作っておいて、その会社に別の資産を買い物させる。

例えばオフィスビルや超高級マンションを匿名企業名で買っておく。すると、その不動産は誰のものかわからない。ましてオリガルヒのものとはわからない。そんな財産になる。キャッシュに戻したい時には売却すればいい。不動産が捜査当局が発見できない「貯金箱」に変身する。

世界的大企業が本社を登記するデラウェア州

日本国内だと、匿名企業の設立はほぼ不可能だ。「商業登記法」（１９６３年）の定めで「会社登記」が法務局（法務省の地方支部局）で公開される。そこには代表者の氏名・住所から、主な株主、会社のどんな財産がいくらの借金の担保になっていて、貸主は誰とまで詳しくわかる。

ところが世界を探せば、匿名で会社を設立できる（会社代表者や株主が公開されない）国や地域が多数存在する。

よく知られている例は、イギリス領ヴァージン諸島、同ケイマン諸島、ルクセンブルグ、モナコなどの「タックスヘイブン」（Tax Haven）だ。

ここでいう「Haven」は「天国」（Heaven）ではなく「危険の及ばない避難所」の意味である。課税が完全に免除されたり、極端に安い国や地域のこと。こうした税制上の優遇措置を設けて、地域外の企業を誘致しようという政策である。「租税回避地」「低課税地域」とも呼ばれる。

ヴァージン諸島、ケイマン諸島などはカリブ海に浮かぶ島々なので「オフ・ショア」(Off Shore：海の向こう)と俗に呼ばれる。オフショアを経由する金融取引のことを「オフ・ショア取引」というのがその例だ。

ところが、コロモイスキーはこうしたオフショア・タックスヘイブンをあまり使わなかった。アメリカのデラウェア州が1980年代から企業誘致のために匿名の企業登記を認めていることに目をつけたのだ。

デラウェアはアメリカ東海岸、ニューヨークとワシントンDCの間にある。アメリカ建国13州のひとつだが、面積約5068平方キロ、千葉県と同じサイズで、全米で2番目に小さい。人口約100万人は仙台市と同じぐらい。目立った産業がないのだが、一人あたり年所得は全米9位(3万4199ドル)と高い。

アメリカは州ごとに民法や刑法が違う。会社法も違う。デラウェア州の会社法は独特で、設立・解散が容易なほか、代表者や株主の非公開が守られる。登記上の代表者は代理人弁護士でよい。会社設立に実質所有者の住所・氏名を届ける義務がないので、州当局にも誰が企業の持ち主なのかわからない。

その便利さが企業登記に人気を呼び、人口100万人の州に94万5326社が登記上の本社を置いている。特にウィルミントン市(人口約7万2000人)にある「オレンジ通り1209番地」は有名で、半地下2階建ての小さなビルに、なんと31万社が本社を登記している。その中には「アップル」「グーグル」「ウォルマート」「コカ・コーラ」などの世界的大企業が混じっている。またヒラリー・クリントンやドナルド・トランプをはじめとする有力政治家もこの地味なビルにペーパーカンパニーを置いている。

その結果、ニューヨーク証券取引所上場企業の半数以上、「フォーチュン500」に載る会社の63％は、デラウェア州に登記上の本社を置いている。世界最大の化学会社デュポンの米国法人、日本アイ・ビー・エムの親会社である「IBMワールド・トレード・コーポレーション」、生命保険会社「アメリカン・ライフ・インシュアランス」（アリコ）本社など、デラウェア州に本社所在地を登記する世界的大企業は枚挙にいとまがない。

企業が納める法人税は、本社所在地として登記した州に支払われる。同州の歳入の5分の1はこうした法人税である。目立った産業がないのに一人あたり所得が高いのは、こうした匿名の会社登記制度のおかげだ。

8分で完了するマネーロンダリング

さて、前置きが長くなった。再びコロモイスキーに話を戻す。

コロモイスキーのマネーロンダリングの手口はこうだ。

ウクライナのプリヴァトバンクで集めたカネを、いったん同行キプロス支店に移す。キプロスもタックスヘイブンとして有名である。コロモイスキーはウクライナ国籍のほか、キプロス、イスラエルの3つの国籍をもっている。

キプロスに設立した無数のペーパーカンパニーの間で、融資や資金移動を繰り返す。そしてそれをアメリカの銀行を通じて送金し、デラウェア州に登記したまた無数のペーパーカンパニーの間で相互に移動させる。

例えていえば、ウクライナで得た違法なカネをプロセッサーで細かく砕き、ミキサーで混ぜて、ドロドロのスープのようにしてしまう。そしてそれをまたアメリカでミキサーにかける。そうした念のいった資金移動を繰り返すうちに、ウクライナで集めた違法なカネは、一体誰のカネなのかわからなくなってしまう。捜査当局やジャーナリストが調査しても、持ち主のわからないペーパーカンパニーを何回も行ったり来たりしているので、資金源のオリガルヒ（この場合はコロモイスキー）にたどり着けないのだ。

「企業の間で資金を移動する」といっても書類上（パソコン上あるいはネット上）のことなので、作業はすぐに終わる。コロモイスキーの場合、ペーパーカンパニー73社の間の17回の取引が8分で完了した、とケイシー・マイケルの前掲書はいう。

コロモイスキーがアメリカでの資産買収に使った匿名企業は「オプティマ」という。フロリダ州に住む20代の若いユダヤ系アメリカ人青年を2人代理人に雇った。自分との関係は隠したまま「アメリカ駐在員」として使い、全米の工場やオフィスビルを買いまくった。コロモイスキーの名前は一切出さない。

ウクライナで製鉄工場の買収から始めたコロモイスキーは、アメリカでも同じ形態でビジネスを始めた。

アメリカの中西部から東部にかけては、かつて鉄鋼と石炭産業で繁栄した地域が広がっている。しかし1960年代以降、アメリカの鉄鋼業は日本や韓国、台湾、そして中国の安価な製品に追い上げられ、国際市場で敗退した。そうした地域は、錆びついて荒廃した工場や鉱山が多数残っているため「ラストベルト」(Rust Belt＝『錆びついた一帯』)という名前で呼ばれる。

有力企業が撤退して労働者もいなくなったため人口が減り、法人税や住民税が急減、中心都市からは人影が消えてガラガラ。かつての住宅街は廃屋の列というのが、ラストベルトに共通した風景だ。固有名詞でいえば、オハイオ、ミシガン、ウエストバージニア州などである。

特にコロモイスキーの買収の餌食にされたのが、オハイオ州の大都市クリーブランドだ。

オリガルヒの「お城」になったクリーブランド市中心部

同市はエリー湖南端の港湾都市。5大湖を船で運ばれてきたミネソタ産鉄鉱石と、アパラチア山脈から鉄道で運ばれた石炭がこの街に集まった。19世紀から鉄鋼産業や自動車産業が発達した。

世界の石油精製の90％を独占した「石油王」ことジョン・ロックフェラー（１８３９〜１９３７）が富を築いたのがクリーブランドである。同時代、１３５キロ南東のピッツバーグには鉄鋼王アンドリュー・カーネギー（１８３５〜１９１９）がいた。やや時代が下ると、１５０キロ北西のデトロイトには自動車王ヘンリー・フォード（１８６３〜１９４７）がいた。19世紀末から20世紀初頭、５大湖一帯はアメリカの鉄鋼・機械工業の黄金時代を築いた。

しかし、兵どもが夢の跡。アメリカの鉄鋼や自動車産業は衰退し、21世紀を迎えたクリーブランドの中心街は寂れていた。

コロモイスキーの代理人がクリーブランド中心街のオフィスビル、ホテルなど高級不動産の買収を始めたのは２０１０年である。名前はハイム・ショチェット。当時まだ23歳だった。

ちょっと細かい話なのだが、オリガルヒの持つ資金力の凄まじい力の例として買収された不動産と価格を見ていこう。「オプティマ」はすべてキャッシュ（小切手）で一括払いした。デューデリジェンス（価値査定）もほとんどせず、相場価格の2〜3割増しの価格で買った。

「ワン・クリーブランド・センター」（31階建て。床面積4万６５５０平方メートル。１９８３年建築）買収金額：相場より30％高い８６３０万ドル（当時のレート１ドル＝１１０円で94億９３００万円）

「55パブリック・スクエア」（22階建て。床面積3万９０００平方メートル。１９５８年建築）評価額２７００〜２８００万ドルを３４００万ドル（37億４０００万円）

「ハンティントン・ビル」(高さ88メートル。床面積12万平方メートル。1924年建築)1850万ドル(20億3500万円)

「ペントン・メディア・ビルディング」(21階建て。床面積4万6450平方メートル。1972年建築)4650万ドル(51億1500万円)

「クラウンプラザ・ビルディング」(客室472室。1858平方メートルの会議室付き)900万ドル(9億9000万円)

この買収で、クリーブランド中心部の主だったビルはほとんどが「オプティマ」(コロモイスキー)の所有になってしまった。ここまでの合計買収金額は213億7300万円である。

20歳代の青年がふらりと現れ、ローンも組まずにキャッシュで最高級物件を立て続けに買ったのだから、地元民の関心を引かないわけがない。不動産業界や行政は「寂れきった街に救世主が現れた」と歓迎した。地元紙でもてはやされ、ショチェット青年は有名人になった。

しかし、金主はあくまでコロモイスキーである。市民が知らない間に、クリーブランドのダウンタウンはウクライナ・オリガルヒの「お城」になってしまった。

もちろん用心深い金融・不動産業者もいた。しかし、いくら調査してもショチェットの怪しい情報は出てこない。

ビルの買い取りで小切手が不渡りを出すことは一度もなかった。銀行も不動産融資会社も介在させなかった。「家族がロシアの天然ガスで成功した」。訝しむ人にショチェットは、そう説明した。地元の人たちはそれを信じた。

ニューヨーク州、インディアナ州、ミシガン州、テキサス州と青年はアメリカ全土を飛び回り、製鉄所や関連工場、中心街の不動産を買い漁った。便法はいつも同じだった。「私たちは雇用と夢をもたらし、街を再開発して活性化させます」。

イリノイ州では、通信機器大手のモトローラ社の工場跡を買った。携帯電話ブームに乗じて1997年に1億ドルをかけて建設した生産施設だ。地元人口約9500人、牧畜業が主産業の田舎町に、最盛期は5000人の従業員がいた。

が、モトローラ社はデジタル化とスマートフォンに負けて、2003年に工場を閉鎖。広さ130万平方メートルの巨大な工場が放置されていた。

オプティマはこの工場跡を1675万ドル（18億4250万円）で買い取った。

アメリカの不動産は匿名で契約が可能

日本人の感覚なら「彼らが買った不動産は、その後値上がりしたのか？」と考える。コロモイスキーが投機（値上がり）目的でそうした不動産を買い漁ったと考えるからだ。

しかし実態は違う。オプティマは買ったオフィスビルや工場のメインテナンスをほとんど何もしなかった。荒れたオフィスビルからは入居者が次々に去り、空室率が上がった。工場は古い施設がそのままになり、事故が多発した。

私は、コロモイスキーにとって、アメリカの高級不動産は、ウクライナで得た「汚いカネ」を追跡不能にしておいて、最後に到達する「貯金箱」だったのではないかと考える。

というのは、アメリカでの不動産売買は、所有者不明のペーパーカンパニーや、守秘義務を盾に出資者を隠した代理人弁護士でも、契約が可能だったからだ。

オリガルヒだけでなく、麻薬カルテルやテロ組織、マフィアのような怪しげな買い手が現れても、不動産会社や弁護士は当局に報告する義務がなかった。不動産会社や弁護士は、不動産取引が成立し、売買手数料を稼げれば、それでよかった。

それが一転するのは連邦政府が「取引報告義務命令」（ＧＴＯ）を施行して以降。ごく最近、２０１６年のことだ。しかも大都市部だけに限られている。

つまり「匿名ペーパーカンパニー」と「匿名で取引できるアメリカの不動産」を組み合わせると、金主が誰なのか、誰に知られることもなく、汚いカネを隠しておける。アメリカの不動産はマネーロンダリングの最強の商品なのだ。

前掲書著者ケイシー・マイケルは、今ではマネーロンダリングの舞台は「オフ・ショア」からアメリカ本土つまり「オン・ショア」（陸上）に移ったと記述している。

これが麻薬カルテルなら、一度「商品」をアメリカに送り出しても、次の「仕入れ」のために常にキャッシュが手元に必要である。しかしオリガルヒにそんな必要はない。汚いカネをいったんアメリカで不動産に替えてしまえば、すぐに現金化する必要がない。カネが入っていることさえ確かなら、貯金箱をハンマーで割る機会は当分来ない。

180度転換したアメリカの金融規制

2010年には、アメリカ連邦議会が「外国口座税務コンプライアンス法」(FACTCA)を可決した。この法律は「国外のあらゆる金融機関が、アメリカ人顧客の保有する資産をアメリカ内国歳入庁(IRS=日本の国税庁にあたる)に報告すること」を義務づけた。反対に「アメリカの銀行を利用して、母国の課税から逃れている可能性のある外国人の情報を共有すること」を他国政府に求めていた。

これは「母国の所得税や法人税を脱税するために国外に持ち出された違法資金の情報を世界で共有しよう」という呼びかけである。

2014年、海外の税務当局が、その国に住む外国人の母国の税務当局と情報をプールして共有する「共通報告基準」(CRS)が始まった。ここには現在約100ヶ国が加盟している。

前述のデラウェア州の例でもわかるように、アメリカは1990年代までは秘密口座や匿名ペーパーカンパニーに対する規制がないも同然だった。むしろ企業誘致と税収アップのために他州(サウスダコタ、ニュージャージーなど)も似た制度を取り入れていた。

それを2001年の9・11同時多発テロが一変させた。世界貿易センタービルに突入した航空機テロの実行犯たちが、テロ組織「アル・カイーダ」から送金されてくる資金を、アメリカ国内のATMで自由に降ろして使っていたことがわかったからだ。

国境を超える資金の移動は「経済のグローバル化」（ヒト、モノ、カネの移動の自由化）ともてはやされた。が、国際テロというダークサイドが姿を現した。

もうひとつ、当時のアメリカを悩ませていた国際問題は、メキシコやコロンビアなど中南米の麻薬カルテルが持ち込むドラッグだった。アメリカからカルテルへの資金の移動を断つ。「テロ」「麻薬」との戦いという2つの大義名分のため、アメリカ政府は金融機関や企業の規制を「匿名性」から「透明性」へと180度転換させた。この転換はオバマ政権で始まり、トランプ政権時代の停滞を経て、バイデン政権になってより活発になる。

自前の軍隊を持った正規の州知事

さて、話をオリガルヒに戻そう。コロモイスキーはウクライナにいる。

大西洋の向こう側アメリカで高級不動産を買い漁っていた2014年、第一次ウクライナ戦争が起きた。

クリミア半島はロシアに無血占領され、ドンバス2州はウクライナからの分離独立を宣言して内戦になった。そこにロシアが陰に陽に介入した。親ロシアのヤヌコビッチ大統領時代（２０１０～２０１４年）、ウクライナ軍の兵器は売却され、軍は弱体化していた。

ここでコロモイスキーは「熱烈なウクライナ愛国者」として登場する。

第一次ウクライナ戦争が始まったあと、コロモイスキーの故郷ドニプロ市周辺でも親ロシア派が台頭していた。コロモイスキーは自分の資金で親ウクライナ派民兵を組織して「防衛軍」をつくるアイディアを政府に持ちかけた。

ドンバス内戦で苦戦していたポロシェンコ政権はこれに飛びついた。なんと、コロモイスキーをドニプロペトロウシク州の知事に任命して、民兵を組織できる権限を与えた。コロモイスキーは数千万ドルの私財を投じて、１万５０００人を組織し、武装させドンバスの戦闘に派遣した。１万５０００人は、正規軍なら１個師団に相当する大部隊である。

そして、マスコミに出て親ロシア派やプーチン大統領をケチョンケチョンにけなした。

「この際、外交辞令はやめよう」

知事に就任した２０１４年３月、英紙「フィナンシャル・タイムズ」にコロモイスキーはこう語っている。

「ウクライナには（ヤヌコビッチという）のっぽの統合失調症患者がいる。あっちには統合失調症の小人がいる（プーチンのこと）」

「（プーチンは）どう見たって能無しだ。頭が完全におかしい。１９１３年のロシア帝国だか、

1991年のソビエト連邦だか知らんが、それを再興したいという救世主じみた妄想に取り憑かれている。世界が破滅しちゃうぞ」

（Roman Olearchyk, March 4 2014,Financial Times.'Ukraine oligarch: Putin is a "schizophrenic of short stature" から鳥賀陽訳）

コロモイスキーはこの時点で単なる「富豪」「新興財閥」の総帥ではなくなった。自前の軍隊を持った正規の州知事なのである。ウクライナの中に、キエフのウクライナ政府と、武装したドニプロペトロウシク州政府が存在する「二重権力状態」になった。その首領がコロモイスキーだった。

主権国家の定義は「正統な合法的政府はひとつだけ」である。分離しようとしたドンバス2州を差し置いても、ウクライナは主権国家の体をなしていない状態になった。戦前中国の「軍閥」そっくりである。

先ほど、ロシアのオリガルヒ・エフゲニー・プリゴジンが民間軍事会社「ワグネル」を興したのが2014年だったことを思い出してほしい。第一次ウクライナ戦争は、ロシア・ウクライナ双方のオリガルヒが「私兵」を組織化するきっかけになった。そして2023年現在も敵味方に分かれて戦争をしている。

「政府に裏切られた」と激怒

しかし、ポロシェンコ政権とコロモイスキーの蜜月は1年程度しか続かなかった。

2015年3月、ウクライナ政府は、国内最大手の石油・ガス複合企業「ウクルトランスナフタ」の経営権をコロモイスキーから奪った。

激怒したコロモイスキーは、深夜本社オフィスに私兵を連れて乗り込んだ。その時の動画がYouTubeに残っている。

黒いTシャツに灰色のジャケット姿のコロモイスキーは、ビルから出てきたところで、報道陣のフラッシュやライトを浴びて怒りを爆発させる。

「コロモイスキーさん、知事がこんな夜遅くに国営企業で何をしておられるのですか？」

「何だと？　おいマヌケ、ウクルトランスナフタの乗っ取りがどれぐらい不法なのか、なぜ聞かない？　ロシア人の乗っ取り屋が来とるんだぞ！　（ウクライナ政府の捜索をロシア人のせいにしたいらしい）そいつらを追い出してきたんだ！　それなのにお前は、こんなところでグズグズしやがって！　浮気している亭主を家で待つ小娘か、貴様は！」

あまりの剣幕に記者が言葉を失っていると、

「なんで黙ってんだ！　何か言ってみろ！　質問はないのか！　舌がケツにはさまっちゃったの

か!」

汚い言葉が多いのでYouTubeには「年齢制限あり」のマークが付いている。

マイダン革命、ロシアとの軍事紛争が始まった2014年、政権は親欧米・改革派が主導権を取るようになった。

高官の汚職を防止する専門部局「国立腐敗防止局」(National Anti-corruption Bureau of Ukraine = NABU)が設置された。

2014年夏、中央銀行である「ウクライナ国立銀行」に、初めての女性総裁ヴァレーリヤ・ホンタレヴァが就任した。

ホンタレヴァ総裁は全国の銀行の調査に乗り出した。中でも疑惑の目を向けたのが、コロモイスキーの「プリヴァトバンク」である。

当時の同行の売り文句は「小口預金の3分の1」「預金残高数十億ドル」「ウクライナ全国の都市の目抜き通りに支店があり、店舗数では国営貯蓄銀行より上」だった。

ところが査察に入ってみると「数十億ドル」のはずの預金は消えていた。貸付記入帳に書かれていたのは、オフ・ショア企業や正体不明のペーパーカンパニーばかり。

55億ドルの欠損が見つかり、ウクライナ政府は公的資金を投入してプリヴァトバンクを国有化した。典型的な"Too Big to Fail"ケースである。つまりプリヴァトバンクの規模が大きすぎて、そのまま倒産させると経済に壊滅的な影響を与えるため、政府予算で救済したということだ。

ちなみに、2015年のウクライナの国家歳出額は172億3000万ドルである。コロモイスキーが盗んだ預金55億ドルは国家予算の3分の1に相当する巨大な額だということがわかる。救済の公的資金投入はウクライナ政府にとって大きな財政的な痛手になった。

新しいプリヴァトバンクの経営陣は、コロモイスキー時代のプリヴァトの業務を「ニセ融資」と断言。コロモイスキーがのべ合計5000億ドル近い資金を洗浄していた、と推測する。「単一グループが行った歴史上最大のマネーロンダリング事件」と形容した。

前章で述べた、庶民が片道3時間かけて通勤するドニプロ市の様子を思い出してほしい。同市はコロモイスキーの故郷である。コロモイスキーが資金洗浄した5000億ドルが正しく納税され、社会資本（公営住宅やバス、鉄道）に投資されていれば、と夢想せずにいられない。

2017年、コロモイスキーはウクライナから出国した。スイスのジュネーブにしばらく潜伏したあと、テルアビブに移動しイスラエルの市民権を取った。

同じ2017年5月には、ホンタレヴァ総裁も「私の任務は終わった」と辞任。翌2018年にロンドンに引っ越した。

ところが、ホンタレヴァ元総裁は退任後も命を狙われ続けた。2019年8月にはロンドンで自動車にひき逃げされ、足を骨折する重傷。9月5日には、義理の娘の自動車が放火され全焼。12日後、今度はキエフの自宅に火炎瓶が投げ込まれ全焼した（『ウクリンフォーム』2019年9月17日）。

5年前とは正反対にロシアに対する好意を表明

2019年4月に行われた大統領選挙で、ウォロディミル・ゼレンスキーが現職（ポロシェンコ）に得票率75％という大差で勝利を収めた。

前述したように、コメディアン・俳優だったゼレンスキーを国民的な人気者にして、大統領にまで押し上げたメディア・コングロマリット「1＋1」（テレビ8チャンネルを所有）のオーナーはコロモイスキーである。言ってみればゼレンスキーのパトロンだった。

気を強くしたのか、コロモイスキーは同年5月にウクライナに戻ってきた。そして政府を相手取ってプリヴァトバンクの経営権を取り戻す訴訟を起こした。その会見でコロモイスキーは、5年前とは反対に、アメリカをはじめ西側諸国を罵り、ロシアに対する友愛の意を表明した。その会見が「放言大会」のようでおもしろい。コロモイスキーの人柄が出ているように思えるので、長いのだが引用する。

「どのみち、ロシアのほうが力が強いんだ。関係を改善したほうがいい。庶民は平和で良い生活を求めるもので、戦争など望まない。なのにアメリカは、我々を戦争に引きずり込もうとしている。カネ（IMFなどの援助のこと）を出そうともしないくせに」

「（EUもNATOも）ウクライナを引き入れることはできない。そんな空論に時間を浪費しても意味がない。かたやロシアなら喜んでワルシャワ条約に入れてくれるんじゃないか」

「西側は対ウクライナ政策を失敗した。十分な資金を与えることも、市場を開くこともしなかったからだ。その代わり、アメリカは地政学上のライバルを弱体化したいだけだろう。『ロシアとの戦争』ってやつだ。ウクライナ人を最後の一人まで使ってね」

「ロシアから1000億ドルもらえばいいじゃないか。今日にも喜んでくれるよ。問題を解決して、関係を修復する最速の方法は何だと思う？　カネだけさ」

欧米諸国やＩＭＦ、ＥＵがウクライナへの融資や援助の条件として「腐敗・汚職の根絶」「法の支配の確立」つまり「オリガルヒ退治」を注文し続けたことへの恨み言である。コロモイスキー本人がその原因なのだが「カネを出さないアイツらが悪い」と責任転嫁している。

さらにコロモイスキーにとっては運の悪いことに、当時アメリカはオリガルヒへの捜査網を狭めていた。西側、自分の財産があるアメリカへの移住に希望をいだいていたコロモイスキーは、それが実現しないことに苛立っていた。だから今度はロシアへ「過去のケンカは水に流して仲良くしましょう」とすり寄る態度にコロリと変わった。

「ウクライナの経済の立て直しには、ロシアとの関係改善しかないだろう。（第一次ウクライナ）戦争のトラウマは忘れられる。５年、10年も経てば、流血だって忘れる。私だって２０１４年には『ロシアと組みたくない』と思ったものだ」

「ロシアの戦車は（ポーランドの）ワルシャワやクラクフまですぐに来るぞ。ＮＡＴＯの兵隊はショッペンちびるだろう。オムツを買ったほうがいいんじゃないか」

西側諸国やＩＭＦの間では、コロモイスキーが政治・経済に復活することを懸念する声が高まっていた。コロモイスキーはプリヴァトバンクについて「いかなる不法行為もない」と反論。一方ゼレンスキーは「コロモイスキーの操り人形」と呼ばれるのを嫌って「プリヴァトがコロモイスキーの所有に戻ることはない」と公言していた。

「ゼレンスキーは『あのカネは盗まれたわけではない』とわかってるよ。君ら（マスコミ）が聞きたい話をしているだけさ」

そして不敵な言葉で記事は終わっている。

「（ゼレンスキー政権への）隠れた影響力なんて、私にはない。が、メガネをかけて私自身を見つめれば、世間と同じようにモンスターに見えるだろうな。操り人形使いで、ゼレンスキーのボスだ。そして何か破滅的なプランを考えている。そしてそれを実行する力がある」

（the New York Times, Nov. 13, 2019. 'A Ukrainian Billionaire Fought Russia. Now He's Ready to Embrace It' 翻訳は鳥賀陽）

当時、欧米はゼレンスキーがコロモイスキーの操り人形ではないかと疑っていた。コロモイスキーが帰国しても、逮捕も起訴もされなかった。それどころかプリヴァトバンクの経営権を取り戻すべく法廷闘争を始めた。

しかし、ゼレンスキーは大統領の座につくと、コロモイスキーを切り捨てた。

選挙直前の2019年4月、ロイター通信のインタビューで「当選したら、プリヴァトバンクをコロモイスキーに返すのか」と問われたゼレンスキーはこう答えた。

「私がそこまでバカだと思いますか？　私が自分のこれまでの人生や名声を失うことをすると思いますか？」（Reuters, APRIL 2, 2019, "Comedian faces scrutiny over oligarch ties in Ukraine presidential race"）

ゼレンスキー大統領就任1年後の2020年、ウクライナ議会はコロモイスキーがプリヴァトバンクの経営権を取り戻せなくする通称「反コロモイスキー法」（銀行法）を可決した。コロモイスキーの重要な「収入源」が絶たれた。

アメリカの知性を買い漁るオリガルヒ

オリガルヒたちがアメリカに資産を隠す時、もうひとつ重要な「投資先」がある。コロモイスキーからちょっと話はそれるのだが、重要なことなので書いておく。

それは大学、美術館、シンクタンクなどアメリカの知的・文化的施設である。そうした組織は、匿名のペーパーカンパニーであろうと寄付を拒まない。不動産と同じように、匿名でも財産を寄付できる。そして「慈善事業家」（フィランソロピスト）という社会的名声を得ることができる。その意味で、こうした知的・文化的に寄付をするマネーロンダリングを"Reputation

Laundering”（汚名を洗濯して名声に変えること）と呼ぶ。

アメリカの汚職防止ＮＰＯ「Anti Corruption Data Collective」の２０２０年の調査結果は驚くべきものだ。

ロシアとウクライナのオリガルヒから寄付された金額は総額3億２７００万～4億３５００万ドル。そのすべてがアメリカの２００以上の非営利団体に贈られていた。例をあげよう。日本でも有名な大学や文化施設がぞろぞろ出てくる。

〈大学〉
ジョージ・ワシントン大学（首都ＤＣにあり政策に影響大）
ニューヨーク大学（私立）
南カリフォルニア大学
サラ・ローレンス大学（名門女子大）
ハーバード大学メディカルスクール
ケンブリッジ大学（イギリス）

〈文化施設〉
メトロポリタン美術館
グッゲンハイム美術館
リンカーン・センター

カーネギー・ホール

〈シンクタンク〉

アトランティック・カウンシル

外交問題評議会（Council on Foreign Relations）

ウッドロウ・ウィルソン国際センター

ブルッキングス研究所

クリントン財団

こうしたアメリカの権威ある文化・研究機関に巨額の寄付をすることは、オリガルヒにとって次のようなメリットがある。

①文化、芸術や学問に精通したインテリを装える。

②欧米諸国、つまり西側に好意的である風を装える。

③アメリカ政財界の有力者とコネを築ける。

④そのコネで捜査を免れることができる。

⑤ロシア・ウクライナに好意的な人材を研究機関やシンクタンクに送り込める。

⑥アメリカ政府中枢に影響を与えることができる。

外交問題評議会は、歴代の大統領や国務、国防、財務、ＣＩＡ長官が評議員として名を連ねている。安倍晋三総理が「靖国神社論文」を寄稿した、権威ある国際関係の論文集『フォーリン・

アフェアーズ』を編集・発行していることでも有名だ。同誌はアメリカの外交政策が実施に先立って論文として発表されることでも国際的な注目度が高い。

ブルッキングス研究所はアメリカ民主党と深いつながりがある。寄付でシンクタンクや大学にウクライナや東欧の研究組織を作らせることもあった。

つまりオリガルヒは、アメリカ政府の知的中枢にカネの力で食い込み、影響力を持ち始めていたのである。

アメリカ国内の資産凍結、入国禁止

オリガルヒの黄金時代が終わりを迎える転換点は、2014年に来た。ガス流通産業で成功したウクライナのオリガルヒ、ドミトリー・フィルタッシュが、FBIの要請でオーストリア当局に逮捕・拘束されたのだ。

フィルタッシュは、ロシア・マフィアとの関係が露見し、同年にオーストリアに自宅軟禁されたまま、アメリカ司法省に贈収賄の罪で起訴された。

当時、ウクライナ・オリガルヒの摘発に熱心だったのが、オバマ政権(2011~2017年)の副大統領ジョー・バイデンである。バイデンはオリガルヒの恨みを買った。

アメリカでドナルド・トランプ大統領が就任していた2017年から2021年の間、アメリカの捜査当局（ＦＢＩ）はオリガルヒの財産を少しずつ調べあげ、包囲網を狭めていた。

トランプ大統領は元々は不動産業者である。アメリカの不動産売買は匿名企業や代理人弁護士でも契約が可能で、マネーロンダリングの温床になっていることは先に書いた。ドナルド・トランプの系列企業が売る物件（トランプ・タワーなど）が、海外から流れ込んだ不明朗な資金の投資先になっていることに、捜査当局やＮＰＯ、マスコミが気づき始めた。

一方、ロシアやウクライナのオリガルヒの目には、不動産の匿名取引規制に消極的なトランプ大統領は「味方」と映った。

ウクライナでもアメリカでも捜査に追い詰められていたコロモイスキーは、イスラエルにいた。トランプの顧問弁護士経験者２人を代理人に雇い、反撃に出た。トランプの政敵である「ジョー・バイデンと息子のハンター・バイデンのウクライナでのスキャンダル情報を持っている」とトランプ政権に近づいたのだ。

ややこしい話なのだが、少しがまんしてほしい。

バイデンの次男ハンター（１９７０年生まれ）は、投資家だった。当時は中国系の投資会社「渤海华美（上海）股权投资基金管理有限公司」（BHR Partners）の役員の一人として、２０１４年から２０１９年までウクライナの巨大天然ガス会社「ブリズマ」（やはりオリガルヒのミコラ・ズロチェフスキー経営）の経営に参加したことがあった。

言うまでもなく、その父ジョー・バイデンは、オバマ政権の副大統領。２０２０年の大統領選挙での民主党候補最有力だった。つまりトランプが2期目当選するためにはもっとも邪魔なライバルである。

そのアメリカの現職大統領の政敵の息子が、ウクライナのオリガルヒの会社で働いていたのだから、捜査で追い詰められていたコロモイスキーにとっては絶好のチャンスだった。

トランプ陣営は「ウクライナのオリガルヒの不正に関与した次男を守るため、副大統領時代のバイデンがウクライナへの借款を交換条件に圧力をかけた」という説を流して攻撃材料にした。

結局、これはデマだったことが判明する。実際にはバイデンは、汚職が露見した検察官の罷免をウクライナに要求しただけだった。2020年9月、上院の共和党合同調査委員会は「ジョー・バイデンに不正はなかった」と結論づけている。

現在ではこの一連の話は「バイデン・ウクライナ陰謀説」と呼ばれ、デマであることが定着している。

逆に、トランプ大統領が、自説に沿ったバイデンのスキャンダル情報を差し出すようゼレンスキー大統領に圧力をかけたことが露見、トランプは弾劾裁判にかけられることになった。

ここでコロモイスキーがトランプ政権と取引しようとしたのは「バイデン親子に不利な情報を渡す代わりに、自分へのFBIの捜査を打ち切ること」だった。

しかし手遅れだった。2020年秋の大統領選挙でトランプは敗退した。今となっては、コロモイスキーが本当に「バイデンに不利な情報」を持っていたのかどうかすら怪しい。

ここにロシアが介入し、陰謀説を補強するようなニセの「証人」を用意しフェイクの「証言」をばらまいたので、話がますますややこしくなった。これが俗に言う「ロシアのアメリカ大統領選挙への介入事件」のひとつである。

ここで重要なポイントは、ウクライナやロシアのオリガルヒが、その資金力に物を言わせて、世界最強の権力者であるアメリカ大統領にまで影響を与えるようになったという事実だ。

FBIがオリガルヒ企業に強制捜査

2020年8月、FBIがクリーブランド市の「オプティマ」オフィスを資金洗浄の疑いで家宅捜索した。場所は前述の「ワン・クリーブランド・センター」ビルである。テキサス、ワシントンやマイアミのオフィスも捜査が入った。

2021年初頭、アメリカ国務省はコロモイスキーが「重大な汚職に関与した」として本人と家族の入国を禁止した。アメリカ国内にあるコロモイスキーの資産はすべて凍結された。

2011年に設立された司法省の規制機関「クレプトクラシーからの資産回収戦略」(Kleptocracy Asset Recovery Initiative＝KARI)によって、コロモイスキーのアメリカにある資産は押収され、資金は本国(ウクライナ)に返還されることになっている。同時期に「国防権限法案」(NDAA)が連邦議会で可決され、アメリカでの匿名ペーパーカンパニーの設立は禁止された。

ウクライナにもアメリカにも居住できなくなったコロモイスキーは、スイスのジュネーブに住んでいる。２０２３年７月現在、前述「ワン・クリーブランド・センター」だけは今も「オプティマ」の所有である。

反オリガルヒ法、ゼレンスキースキャンダル、そしてロシア侵攻

最後に、オリガルヒと第二次ウクライナ戦争の関係について簡単に触れておく。

ゼレンスキーは大統領就任後、オリガルヒを弱体化させる法案を推進した。オリガルヒの政党への献金や大企業の民営化への参加を禁止する法案が２０２１年９月22日に可決された。ゼレンスキーは、かつてのパトロンであるコロモイスキーを切り捨てたのだ。

その10日後、ゼレンスキーの隠し資産が暴露された。同年10月３日。通称「パンドラ文書」の流出による。

「パンドラ文書」は膨大な量である。英領ヴァージン諸島やケイマン諸島などのタックスヘイブンに匿名ペーパーカンパニーを設立する業務を請け負っていた14の信託会社や法律事務所から、１１９０万件、２・94テラバイト分に相当する電子ファイルが流出した。機密性が売り物のタックスヘイブンから「出るはずのない文書」が大量に出てきた。

「パンドラ文書」は米国ワシントンDCに本部を置く「国際調査報道ジャーナリスト連合」（ICIJ）に数回に分けて提供され、ICIJが呼びかけた朝日新聞や共同通信（日本）、ワシントン・ポスト（米）、ガーディアン、BBC（英）、ル・モンド（仏）など117ヶ国の記者600人が取材と分析に参加した。この世界的な取材・報道体制も前例のないものだ。

91ヶ国、330人以上の政治家・政府高官にタックスヘイブンとの関係が確認された。その中には、トニー・ブレア元イギリス首相やヨルダン国王にまじって、ゼレンスキー大統領の名前があった。

「汚職・腐敗の撲滅」「オリガルヒとの決別」を選挙公約に当選した「政治のアマチュア」ゼレンスキーにとって、これほどの痛手はない。支持率が20％に急落したのは前述の通りだ。

興味深いのは「国際調査報道ジャーナリスト連合」にパンドラ文書を提供した人間が誰なのか、今もわかっていないことだ。あくまで「匿名の人物」のままなのである。

ここで、2019年11月13日付ニューヨーク・タイムズ紙でのコロモイスキーの発言を思い出してみよう。彼が「親ロシア」に反転した後、プリヴァトバンクの経営権を取り戻す訴訟を闘っている。ゼレンスキー政権はまだ、オリガルヒを弱体化させる法案を成立させていない。

「（私は）操り人形使いで、ゼレンスキーの親分だ。そして何か破滅的なプランを考えている。そしてそれを実行する力がある」

今読み返すと、実に不敵かつ不吉である。この発言はゼレンスキー大統領への「ボスである俺を裏切るな」という「恫喝」「警告」だったのではないか。

しかし、ゼレンスキーは法の成立によってボスを切った。わずか10日後「パンドラ」によってゼレンスキーのスキャンダルが火を噴いた。それも、コロモイスキーがマネーロンダリングの「日常業務」で慣れ親しんだタックスヘイブンの機密文書の大量流出によって、である。これは偶然なのだろうか。

かたやほぼ同時期の２０２１年9月10日、ロシア軍は隣国ベラルーシとの定期的な合同軍事演習「ザーパド２０１２」を理由に、ベラルーシ国内・ウクライナとの国境付近に大部隊を展開し始めた。この軍事展開が翌年2月24日のウクライナへの侵攻に発展することは、すでに広く知られている通りだ。

「軍事演習で恫喝すれば」あるいは「軍事侵攻してキエフを電撃占領すれば」ゼレンスキー大統領は簡単に屈服するか、逃亡する。隠し財産スキャンダルで支持率は低いのだから、ウクライナ国民はゼレンスキーを見捨てる。それがロシア側の当初描いた楽観的なシナリオだったことも、多数の報道に出ている。

当時、コロモイスキーが親ロシアに「謎の寝返り」を遂げていたことを思い出してほしい。

第二次ウクライナ戦争が始まったのは、こういうタイミングなのだ。

以下は私見である。

「正体不明の勢力が政治や経済、戦争ですら後で操っている」という「陰謀論」を私は一切信じない。が、このコロモイスキーとゼレンスキーの関係、そしてロシアの軍事侵攻を時系列で並べてみると「事実がきれいに一直線に並ぶ」ことを感じずにはいられない。想像力をたくましくする誘惑にかられる。

が、やめておく。あくまで真実は歴史の判断に委ねる他ないのだ。

参考文献

本書中に引用、あるいは執筆のために参照した文献(順不同)。
ウクライナ戦争について知識を深めたい人のための読書ガイドとしてもお勧めする。

・「物語　ウクライナの歴史」黒川祐次（中公新書）
・「ウクライナを知るための65章」（明石書店）
ウクライナの歴史や文化、言語を知るための初心者向け文献。
・「ロシア新戦略」ドミートリー・トレーニン（作品社）
プーチン・ロシアが考える勢力圏や、世界戦略についてロシア人研究者が書いた本。著者はモスクワで米国のカーネギー財団に所属していたため、視点がロシアにも西側にも偏らずフェアである。
・「帝国ロシアの地政学」小泉悠（東京堂出版）
・「プーチンの国家戦略」同上
ロシアが旧ソ連の領土を諦めていないことを指摘。実地取材と深いロシアの知識に裏付けられた良書。
・「ウクライナ戦争の軍事分析」秦郁彦（新潮新書）

実証史学を実践し続ける碩学による第二次ウクライナ戦争の分析。天候や路面の状態まで調べて侵攻時期を検証する徹底ぶりはさすが。筆者がもともとは軍事史が専門だったことを想起した。

・「プーチンの戦争 チェチェンからウクライナへ」マーク・ガレオッティ（ホビージャパン）
チェチェン、ジョージア、ウクライナなどプーチンがロシア大統領になってからの20年間の戦争を概観する。ロシア、プーチンの発想や思考を知る良書。民間軍事会社やサイバー戦争についても言及。

・「ウクライナ現代史」アレクサンドラ・グージョン（河出新書）
フランス人政治学者の書いた、１９９１年の独立からオレンジ革命、マイダン革命、第一次ウクライナ戦争などの現代史。

・「変わりゆく世界の中で」ミハイル・ゴルバチョフ（朝日新聞出版）

・「シャトル外交激動の4年・上下」ジェームズ・ベーカー（新潮文庫）
ソ連崩壊と冷戦の終了についての交渉当事者の回想録。「ＮＡＴＯの東方拡大はしない」というアメリカの約束はあったのか？　という疑問に答えを出している。

・「帝国とナショナリズム」山内昌之（岩波書店）
ソ連の崩壊が民族紛争の火種を広範囲にばら撒いたことを指摘。旧ソ連がもうひとつ、イスラム教徒という莫大な数の「異文化」を抱えていることを示す。

・「ウクライナ日記」アンドレイ・クルコフ（ホーム社）
ウクライナの国民的作家がつづる第一次ウクライナ戦争とマイダン革命の生々しい記録。著者自身がロシア語話者であり、ロシア語で作品を書く。しかし自分はウクライナ人だ、という著者の葛藤が誠実に記述される。

・「ウクライナ・ノート　対立の起源」イゴルト（花伝社）
ウクライナの市井の人々の貧しくとも健気な暮らしを、まんがエッセイで綴る。著者はウクライナ人を妻とするイタリア人グラフィック・ノベリスト。

・「独ソ戦」大木毅（岩波新書）
ナチスドイツとスターリン統治下のソ連という巨大な全体主義国家同士がお互いの全滅を目指して激突した死闘を描く。

・「ブラッドランド　上下」ティモシー・スナイダー（筑摩書房）
・「ブラック・アース　上下」同上
イエール大学教授の筆者が、ロシア語やポーランド語、ウクライナ語を駆使して原資料から掘り起こした労作。ソ連とナチスドイツにはさまれた地域で、大飢饉や民族虐殺など大量死が多発していることを指摘。「ブラッドランド」（流血の国）と名付けた。

・「アジアの多重戦争1911―1949」S・C・M・ペイン（みすず書房）
日中戦争から国共内戦、朝鮮戦争に至る東アジアの戦争を、ソ連・アメリカ・日本という大国の闘争の文脈に置いて検証した良書。

“Stepan Bandera: The Life and Afterlife of a Ukranian facist: Facism, Genocide and Cult” Grzegorz Rossolinski-liebe, Ibidem-Verlag Haunschild/Schoen gbr.
英語文献。日本訳が見つからない。筆者はポーランド系ドイツ人。第二次世界大戦中にウクライナ西南部で活動した民族主義過激派パルチザンの民族浄化虐殺について克明に記している。そのリーダー、ステパン・バンデラをめぐって今もロシアとウクライナの間で「英雄」か「ナチ協力者の裏切り者」か対立が続いている。バンデラについて詳しく書いた日本語文献が見当たらないため、この文献がもっとも詳しい。

・「クレプトクラシー　資金洗浄の巨大な闇：世界最大のマネーロンダリング天国アメリカ」ケイシー・ミシェル（草思社）
ウクライナの国の富の半分を奪った「オリガルヒ」について克明に取材。アメリカがオリガルヒほかクレプトクラットのマネーロンダリングの天国になっていることを実証する。

・「犠牲者意識ナショナリズム　国境を超える記憶の戦争」林志弦（東洋経済新報社）

アメリカ、欧州などで研究生活を重ねた韓国人研究者が指摘する「外国による被害者意識」がナショナリズムを形成するという重要な事実。

・「金日成―その衝撃の実像」東亜日報（講談社）
ソ連に亡命した北朝鮮建国初期の高官たちを訪ねて聞き取り取材した労作。北朝鮮の成立と金日成の権力掌握にソ連がいかに深く関与していたかわかる。

・「八月の砲声　上下」バーバラ・タックマン（ちくま文芸文庫）
第一次世界大戦の分析。なぜセルビア人とオーストリア帝国の地域紛争にすぎなかった戦争が、全世界を巻き込む大戦になったのか。そのメカニズムを解明する古典的名著。

〔著者略歴〕
烏賀陽弘道（うがや・ひろみち）
1963年京都市生まれ。1986年、京都大学経済学部を卒業し朝日新聞社に入社。ニュース週刊誌『アエラ』編集部記者を10年務める。2003年、同社を早期定年退職。フリーランスの報道記者・フォトグラファーになる。書籍とインターネットを駆使して執筆活動をしている。
1994年、ニューヨーク市にあるコロンビア大学国際公共政策大学院（SIPA）に自費留学し、国際安全保障論（核戦略・日米関係）を専攻し修士号を取得。『ヒロシマからフクシマへ 原発をめぐる不思議な旅』『フクシマ2046』（以上、ビジネス社）、『フェイクニュースの見分け方』『報道の脳死』（以上、新潮新書）、『原発難民』（PHP新書）、『福島第一原発事故10年の現実』（悠人書院）、写真集『福島飯舘村の四季』（双葉社）など著作は20冊に及ぶ。

ウクライナ戦争 フェイクニュースを突破する

2023年 10月1日 第1版発行

著　者　烏賀陽弘道
発行人　唐津 隆
発行所　株式会社ビジネス社
〒162-0805 東京都新宿区矢来町114番地 神楽坂高橋ビル5階
電 話 03(5227)1602（代表）
FAX 03(5227)1603
https://www.business-sha.co.jp

印刷・製本　株式会社光邦
カバーデザイン　中村 聡
本文組版　有限会社メディアネット
編集協力　町田幸美
営業担当　山口健志
編集担当　中澤直樹

ISBN978-4-8284-2561-0